幼儿园家长工作指导

编 著 吴 丹

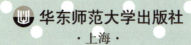
华东师范大学出版社
·上海·

图书在版编目（CIP）数据

幼儿园家长工作指导 / 吴丹编著. — 上海 : 华东师范大学出版社, 2016.1
ISBN 978-7-5675-4595-3

Ⅰ.①幼… Ⅱ.①吴… Ⅲ.①幼儿园—家长工作（教育） Ⅳ.①G616

中国版本图书馆CIP数据核字(2016)第016916号

幼儿园家长工作指导

编　　著　吴　丹
责任编辑　李　琴
版式设计　罗　彦
封面设计　黄　旭

出版发行　华东师范大学出版社
社　　址　上海市中山北路3663号　邮编 200062
网　　址　www.ecnupress.com.cn
电　　话　021-60821666　行政传真 021-62572105
客服电话　021-62865537　门市（邮购）电话 021-62869887
地　　址　上海市中山北路3663号华东师范大学校内先锋路口
网　　店　http://hdsdcbs.tmall.com

印 刷 者　浙江临安曙光印务有限公司
开　　本　787毫米×1092毫米　1/16
印　　张　12.75
字　　数　198千字
版　　次　2016年4月第1版
印　　次　2025年8月第15次
书　　号　ISBN 978-7-5675-4595-3 / G·8978
定　　价　35.00元

出 版 人　王　焰

出版说明
CHUBAN SHUOMING

　　不管你是刚从学校毕业进入职场的新鲜人，或工作三五载的小有经验的带教老师，还是阅历无数、能独当一面的资深教师，在幼儿园家长工作上，是不是多少受过"委屈"，觉得自己的工作很努力却得不到家长的理解？是不是碰到过怎么讲都讲不通的"无理取闹"的家长，甚至扬言要"投诉"幼儿园，觉得无奈又无助？

　　作为幼教工作者，家园共育的重要性都有真切感受，但是如何做好家长工作，如何顺利得到家长的配合，确是一项复杂而细致的工作。本书将结合具体案例，教授你如何掌握同理心的表达、合理沟通的技巧，用科学、理智的方式做幼儿园的家长工作，让你的"委屈"、"无奈"和"无助"迎风化解于无形。

　　本书主要栏目有：

　　案例：提供切实可行的实际案例，可作为实际工作参考。

　　议一议：小提问，帮助梳理当前所学内容。

　　概念扫描：对一些相关概念做深入浅出的阐述。

　　知识链接：对相应知识的补充内容。

　　案例分析：以现实中发生的矛盾冲突为案例，帮助分析如何应对和解决。

　　思考与练习：整块内容学习之后布置的思考作业。

　　本书相关资源请至 have.ecnupress.com.cn 中的"教学资源"栏目，搜索关键字"家长工作"进行下载，或与我社客服联系：13671695658。

　　另，本书部分图片取自网络和其他书籍，来源明确的已做标注，如有不妥之处，也请联系我们。

华东师范大学出版社

2016 年 5 月

前言
QIANYAN

　　一个有趣的现象：我们幼儿园班级门口的"家园之窗"中有一个必不可少的栏目，最早的时候叫"家长配合"，后来更名为"家园合作"，现在又更名为"家园共育"。这一名称的演变从理论和实践的层面反映了我国在幼儿教育中对"家庭"作用的逐步重视。随着《中华人民共和国家庭教育促进法》的颁布与施行，以及党的二十大强调坚持教育优先发展、加快建设高质量教育体系等，幼儿教育工作者们也前所未有地真切感受到了"幼儿园家长工作"的重要！

　　当许多地方的老师来跟我诉说她工作很努力却得不到家长的理解时，当园长朋友悄悄来咨询"家长无理取闹、扬言要投诉幼儿园"该怎么办时，我能深深体会到她们内心的担忧、无奈甚至是无助。有时候她们自己会反思："早知如此，何必当初！"事实上，如果我们在日常工作中多一些科学、多一份理智，掌握一些同理心的表达、合理沟通的技巧，这些问题就会迎刃而解，那样大家的工作也将会是另一番新的景象。这也是促使我们编写这本《幼儿园家长工作指导》的初衷。

　　著名儿童教育家陈鹤琴先生说："幼稚教育是一种复杂的事情，不是家庭一方面可以单独胜任的，也不是幼稚园一方面能独立胜任的，必定要两方面共同合作方能得到充分的功效。"这一本针对不同阶段的幼儿教育工作者和管理者编写的书籍，能及时帮助您掌握新形势下的幼儿教育方法，构建新型的家园关系，充分融合家园教育资源，并通过职业自信获得工作带来的满足和幸福。

这本书由华东师范大学附属幼儿园园长吴丹老师担任主编（第一单元和第三单元的二、四小节，以及第五单元），华东师范大学附属幼儿园的骨干教师（陆瑾老师：第二单元一、二、三小节；杜艳老师：第二单元四、五、十小节；应慧隽老师：第二单元六、八小节，第三单元第三小节；沈蕾老师：第二单元七、九小节，第三单元第一小节；张金陵老师：第四单元）参与编写。深入浅出的理论、真实鲜活的实例、来自一线的经验，是这本书的亮点和最实用的地方。本书在编写和出版的过程中，也得到了华东师大出版社和华东师大幼教专家施燕教授的大力支持，在此一并感谢！鉴于时间仓促和编者的水平所限，书中难免有疏漏和不足，欢迎大家提出宝贵意见和建议。

编　者
2023 年 8 月

目录 MULU

03

第三单元　幼儿园家长工作的策略

第一单元

幼儿园家长工作概述

本单元主要围绕"幼儿园家长工作"这一基本概念展开说明和解释，从而让你对家庭教育、幼儿园教育以及幼儿园家长工作的内涵和意义有一个整体的把握。家庭教育是一个人成长的基石，而幼儿园教育是人们社会化的规范起点，幼儿园的家长工作在新时期成为幼儿园及教师非常重要的工作之一。家园共育在当前已经成为一种趋势和理念，家庭和幼儿园在幼儿健康、和谐成长的过程中起到了相辅相成的作用。

- 理解家庭教育对儿童发展的影响；
- 理解幼儿园教育对儿童发展的影响；
- 了解幼儿园家长工作的重要性和必要性。

一　家庭教育是成长的基石

 案例分析1-1

年轻教师的困惑

小王老师是一名年轻教师，没怎么带过新班级。今年，小王老师新接了一个小班，她发现家长们对孩子在幼儿园里的情况特别关注，而孩子们身上反映出来的问题很多和家庭的教养方式有关。这让她在做家长工作的时候有些为难，若直接说吧担心家长不高兴，有的家长还会说："如果我们自己能教好孩子，那还上幼儿园干吗？"若不直说吧家长还以为老师没有给自己孩子足够的关注和帮助。这让小王老师觉得很困惑，同时她也发现了一些规律：

◇ 爷爷奶奶、外公外婆和保姆关注的多半是孩子生活方面的情况，如大小便怎么样、吃饭和睡觉好不好等，而这些方面出现困难的孩子多半与"老人过于包办、在家里没有好好练习、习惯没有养成"有关。等到孩子上了幼儿园与别人相比有了差距，他们反而要求幼儿园老师多加照顾自己的孩子。

◇ 爸爸妈妈们更多关注的是孩子的情绪、学习和交往的情况，有时候孩子还没有完全适应就对他们提比较高的要求，而孩子在交往中产生了矛盾则比较敏感。有时候会要求老师给自己的孩子更多的机会。

分析：上面的案例其实在幼儿园的新班中比较常见，如果这个新班是托、小班，家长更多关注孩子的生活情况是正常的。因为在我国，很多孩子进幼儿园之前主要是祖辈在帮着年轻的父母带孩子，他们对孩子生活习惯和能力的培养主要依靠旧有的模式和过去的经验。而祖辈和父辈对于唯一的一个孩子的培养是各有侧重的，祖辈们主要希望孩子吃饱睡好、快快乐乐，而父辈们则更希望孩子学习出色、擅长交往等。正如小王老师认识到的那样，孩子身上反映出来的问题的确很多与家庭教育有关，受遗传、个性、家庭教育等影响，孩子们有着许许多多的差异。

概念扫描

　　家庭，是由婚姻、血缘或收养关系所组成的社会组织的基本单位。家庭具有教育的功能，家庭教育指"生活中家庭成员（包括父母和子女）之间相互的影响和教育。它包括父母教育子女和家庭成员之间相互教育两个方面，其中主要方面是父母教育子女"。

图1-1　家庭成员

　　家庭教育，是建立在父爱与母爱血缘关系基础上的一种特殊教育。父母本能的慈爱之心和天然的责任感既是教育孩子的强大内在动力，更是一切家庭教育活动的良好基础和先决条件。孩子从诞生之日起，就受到家庭教育的影响，这种影响是多方面的、持久而深远的，甚至会影响到人的一生。

　　让我们一起来看看家庭教育对孩子究竟起到什么样的影响。

（一）家庭，是摇篮，亦是学校

案例分析1-2

强势奶奶的要求

　　小王老师班里有一个女孩，脾气温和，各方面表现一般。可是奶奶对孩子要求很高，说她个性像妈妈，过于懦弱，今后会被社会淘汰的。于是天天盯着孩子什么事都要争先，并要求老师给孩子多一些机会。如果老师多关心别的孩子，奶奶就会"吃醋"，甚至怀疑老师得了别的孩子家长的好处，而孩子在奶奶的"关心"下反而更加胆小、无所适从。小王老师了解到孩子父母工作忙碌，妈妈内向脾气好，在家里都听奶奶的。而奶奶以前在下乡吃过苦，一个人千辛万苦把儿子抚养成人，她希望孙女像爸爸那样出色。奶奶过分的要求让老师非常为难，顺着奶奶吧那是强扭的瓜不甜，对孩子的成长并不好；不顺着吧奶奶便说"我找你们园长去"！思前想后，小王老师主动去找园长反映这件事情，希望得到理解和支持。

分析： 从这个案例中我们会看到家庭的模式、教养方式和氛围会对孩子产生重要的影响。家庭，不仅仅是摇篮，担负着养孩子的职责；家庭，更是一所学校，承担着教育孩子的重任。我们中国家族教育中有着闪光的家训、家书和家谱，说明在我们的文化传统中家庭教育是非常重要的。

让我们来看看家庭里哪些因素对孩子的成长产生影响。

1. 家庭模式

家庭模式，也称为家庭类型，它是家庭结构和家庭关系的总称。在传统的基础上结合现代的家庭模式，主要分为核心家庭和扩展家庭。

核心家庭，指由夫妻及未婚子女组成的家庭。在实际的社会生活中，核心家庭还有两种不完整的形式：①单亲家庭，即由单身父亲或母亲养育未成年子女的家庭；②重组家庭，即由夫妻一方再婚或者双方再婚组成的家庭。

扩展家庭，指由两对或两对以上的夫妻及其未婚子女组成的家庭，且家庭成员之间都有亲属关系。扩展家庭中的两对夫妻可以是跨代夫妻或者同代夫妻。常见的扩展家庭中有一种421模式，即由4个父母长辈、1对夫妻和1个孩子组成。两个年轻人不仅要负担起至少1个孩子的养育责任，还要承担4个老人的养老重任。这种模式目前已经成为我国的基本家庭模式。

不同类型的家庭模式对儿童发展的影响会有所不同，也会各有利弊。如：核心家庭的年轻父母独立抚养孩子，"利"在于关系单一、教育容易达成一致；"弊"在于缺乏育儿经验和支持，容易产生无法兼顾工作和照顾孩子的问题。而单亲家庭和重组家庭更容易导致亲子关系紧张，给幼儿成长造成影响。扩展家庭的"利"在于教养孩子有更多的经验，能缓解年轻夫妻工作和教养孩子的矛盾；"弊"在于人多关系复杂导致教养方式不一致，从而产生家庭矛盾，对孩子带来负面影响。尤其是 421 家庭模式，两对跨代夫妻对孩子的教养势必有所不同，因而需要年轻夫妻花更多的时间和精力去协调和维持。虽然不同的家庭模式有着不同的特征倾向，但并不是某种家庭模式因为存在弊端就必然导致孩子出现问题，家庭模式对儿童产生影响关键在于家庭的教养方式和情感氛围。

根据以上对家庭模式的描述，请举例说明你了解到的其中一种家庭模式（可以是自己家的，也可以是亲戚、朋友家的），尝试分析一下它的特性，以及对孩子的成长起到积极和消极的作用分别有哪些。

2. 家庭教养方式和期望

家庭教养是在家庭生活中发生，以亲子关系为中心，以培养社会需要的人为目的的教育活动。不同文化背景的家庭和不同家庭背景出生的父母在抚养孩子的过程中会不知不觉地采用一套他们认同的教养方式，这套教养方式同时也蕴含着他们对孩子的期望。教养方式的好坏会直接影响到儿童社会化的进展。比较好的教养方式有民主型、权威型等，不良的教养方式主要有专制型、溺爱型、忽视型、放任型等。

在家庭教育中，父母如果采取积极的、温情的、严格而合理的、民主而宽容的态度，孩子就容易形成积极独立、乐观友好、情绪稳定等性格；父母如果采取拒绝的、强制的、溺爱的、漠视的态度，孩子就容易形成适应性差、容易逆反、依赖性强、冷漠孤独等性格。

除了教养方式以外，父母的职业和期望对孩子也有较大的影响。一般来说，学历层次高、事业成功的父母对子女的期望也比较高。他们对自身学业和职业的态度，也会潜移默化影响到孩子。

说说你的父母对你的期望如何，她们的教养方式偏向于哪一种，对你的影响有哪些。

3. 家庭氛围与心理环境

家庭成员的关系影响着家庭的氛围，而家庭关系中占主导地位的夫妻关系则决定着家庭的氛围，从而形成一种独特的心理环境，深深地影响着孩子。

图1-2　融洽温馨的家庭氛围有利于孩子成长

如果夫妻关系和谐，并能对孩子的行为采取较一致的教养方式，这种融洽的、温馨的家庭氛围就会增加积极的抚养行为，那么孩子的安全感、幸福感就会比较强，从而形成良好的心理状态。

而如果夫妻关系紧张、不和谐，家庭氛围就会出现冷淡、对抗等状态，那么孩子就容易出现焦虑、自卑、缺乏安全感等心理状态，甚至会表现出攻击、犯罪等行为。有的夫妻因为关系不和谐，就会把不好的情绪转移到孩子身上，打骂孩子或者心理虐待孩子等；也有的通过溺爱来弥补对孩子的亏欠。这些不正常的消极的情感都会削弱孩子的社会适应能力。

另一方面，家庭成员的心理成熟度和心理健康水平也会极大地影响孩子的成长。自身存在心理健康问题的父母不太可能提供敏感、适宜的抚养行为，尤其是主要抚养人。如果家庭成员中有人存在心理疾病或心理障碍，或者是处于更年期且反应强烈的老人作为孩子的抚养人，那么这样的家庭氛围就是异常的、失衡的。在这样的家庭氛围中成长起来的幼儿，其认知、情感和社会性发展都会受到不良影响。

通过以上分析，相信和小王老师一样，你会明白"家庭教育是孩子成长的基石"这句话了。仿佛一幢高楼，基石奠定牢固，高楼就更坚固、实用，更能够抗击风雨。

说说你喜欢的家庭氛围是什么样的，你希望今后怎样来营造自己的家庭氛围，为什么？可以举例说明你身边值得推荐的家庭氛围模式。

（二）父母，是养育者，更是教育者

案例分析1-3

爸爸妈妈的介入

就上面小王老师班里那位强势奶奶的事情，园长知道后和班级老师一起分析，大家觉得奶奶对媳妇有一定的成见，因而也影响到对孙女的评价，这需要从家庭内部来做工作。虽然小王老师反映孩子父母工作很忙，但为了孩子今后的健康成长，大家还是决定把孩子的父母约过来谈一谈。孩子的父母都来了，一番沟通后，孩子的父母明白了奶奶之前对老师有一些误解，也解释了奶奶之所以有这样个性的原因。最后爸爸表态请幼儿园放心，奶奶的问题由他去做工作，同时也希望老师能理解长辈。在这个过程中，大家都明确了要尊重孩子的个性，正确看待孩子成长中存在的问题，一起采用合适的方法帮助孩子获得健康和谐的成长。通过父母的介入，孩子的奶奶逐渐改变了之前的方式方法，开始能够理智对待孩子在幼儿园中的表现，也能够比较配合老师的教育了。

分析：从这个案例中我们会发现父母在家庭中的地位和所起到的作用。古话说得好：养不教，父之过。孟母三迁，只为了能给孩子更好的学习环境。可见，父母作为孩子的养育者，自然而然承担着教导子女的职责。如果说，家庭是孩子的第一所学校，那么父母则毫无疑问成为孩子人生中的首任教师甚至是终身教师。父母对孩子的影响是方方面面的，也是极为重要的。

接下来，让我们来分析一下其中的原因。

1. 依恋是心理基础

依恋是建立在婴儿与主要抚养者（通常是母亲，也可能是祖辈、亲戚或保姆）之间的亲密的情感联结，对形成儿童最初信赖和不信赖的个性特点有着重要的影响。有研究表明：儿童在7—18个月时建立起来的安全型依恋关系，对其以后的行为、情感意志的发展、与人合作解决问题的能力等会产生重要的影响。那些在早期没有形成依恋关系的婴儿，怕做游戏、怕探索，常常感到不安，不能很好地与人相处，并且这还会影响其今后的

个性发展、社交能力和情感表达等。

依恋既是生理安全的需要也是心理安全的需要。婴儿出于本能寻找能够真正保护自己的成人，通过与他们保持亲密接触，寻求到安慰和安全感，尤其是在感到孤独无助的时候，依恋更会让孩子感到有依靠。

依恋的发展主要经过以下几个连续的阶段：无社会性阶段（0—6周）、未分化的依恋阶段（6周—6、7个月）、分化的依恋阶段（7—9个月）和多重依恋阶段。

心理学家将婴儿的依恋主要划分为三种类型：

（1）安全型依恋。这类婴儿有母亲在身边时会独自探索、游戏，对陌生人的反应也比较积极。母亲的离开会引起他的不安，当母亲返回时会积极寻求与母亲的接触。母亲在场时，这类婴儿对陌生人比较友好。这类婴儿约占65%。

（2）回避型依恋。这类婴儿无论母亲是否在场对其影响都不大。母亲离开时，并无特别的紧张或苦恼情绪。母亲回来了，也往往不加理会，或短暂接近一下又走开。对待母亲就像对待陌生人那样，有时友善、有时忽视和回避。实际上这类婴儿并未形成对人的依恋。这类婴儿约占20%。

（3）抗拒型依恋。这类婴儿与母亲在一起的时候也无法安静探索，对母亲的离开显得很警惕。如果母亲要离开就极力反抗，母亲走了显得相当压抑，但当母亲回来了他们的表现又很矛盾。他们会接近母亲，但同时又反抗与母亲接触，似乎对母亲的离去还在生气。抗拒型婴儿对陌生人相当戒备，即便母亲在场也是如此。这类婴儿约占10%。

建立了安全型依恋的孩子会表现得安静平和，容易适应新的环境，较少出现情绪障碍和行为问题。类型二和三都属于不安全依恋。还有约5%的婴儿可能是最不安全的，他们混合了回避型和抗拒型依恋的模式。

你认为依恋的类型是天生的还是与父母的教养方式有关？请查找相关资料进行拓展学习。如果是后者，请给出良好的建议。

2. 模仿是学习途径

模仿是个体自觉或不自觉地重复他人行为的过程，是幼儿社会性学习的重要方式之一。我们知道孩子的模仿力是最强的，他们通过观察学习，模仿身边成人的语言、动作以及行为习惯等，从而获得发展。

模仿的类型有直接模仿和间接模仿两种。直接模仿是指儿童通过直接观察他人的行为，学习新的社会行为方式。如儿童看了过多暴力的动画片，就会直接模仿动画片中角色的动作；每天看到老师如何给大家上课，回家就模仿老师的语气、语调和行为；如果有家庭成员用粗暴的语言和方式对待家人或外人，儿童也会通过观察和模仿学会类似的情绪表达方式。间接模仿是指通过观察认定行为产生的后果，这是一种"替代性强化"。如看到别的孩子通过"抢"而得到了玩具，自己也会去抢；看到小朋友因为打别人受到了老师惩罚而控制自己打人的行为；如果有家庭成员因为开车违规被罚，儿童也会感受到害怕、羞愧等，从而习得遵守规章制度的的行为方式。

在家庭中，父母是孩子身边最亲、最近的人，父母的一言一行和他们对事物的评价、态度以及行为方式等都会成为儿童行为的强化物。孩子在没有上学之前，很多行为都是模仿家长的，尤其是与儿童同一性别的那一位和主要承担抚养责任的那一位。现代社会，年轻父母的工作压力很大，主要承担抚养责任的人可能会由祖辈或者保姆来承担，那么他们的言行举止对孩子同样起到潜移默化的作用。好的行为会对孩子起到好的作用，不良行为更容易让孩子学坏。

对于儿童的模仿行为，成人的反应也决定着儿童学习的走向。当儿童不能区分身份和情境，简单模仿成人的言行时，成人首先应该做一些判断，根据孩子的模仿来判断是否恰当。如果不恰当，应该采用积极的态度去面对，不要只是觉得好笑而去逗弄儿童，更不要简单地呵斥或强行纠正，而应该在尊重儿童认知规律的基础上为他提供发展的方向和空间。

因此，父母以身作则，给孩子好的示范是非常重要的。同时家长也应该与时俱进学习相关的科学知识，掌握孩子发展的规律，让自己成为孩子模仿的榜样。

回忆生活中你看到的孩子模仿成人的"笑话"，分析一下利弊。

3. 引导和监督发挥保驾护航作用

在自己孩子面前，父母有着多重角色：保姆、教师、伙伴、观众、参谋等等。

图1-3　父母要做孩子最好的人生引导者

其实父母既是孩子的启蒙者、保护者、示范者，还是孩子的引导者和监督者。

在孩子成长的道路上，父母要做孩子最好的人生引导者。家庭教育的任务包括德育、智育、体育、美育、劳动教育、法制教育、心理健康教育和理财教育等方方面面与孩子健康成长相关的内容。因此，父母要引导孩子明辨是非，形成良好的品性和人生观、价值观；激发孩子学习的求知欲，引导孩子勤于思考、勇于探索，培养其良好的学习习惯；促进孩子的生理和心理健康，引导孩子与人沟通互动，适应社会；引导孩子感受美、欣赏美和创造美，学会自理和自立，形成热爱生活、劳动光荣的家庭责任感。在这个过程中，我们会看到父母的引导是多么重要，它是决定孩子今后成功与否的关键因素。

同时，父母作为孩子的监护人，更有着不可推卸的监督义务。我国的《未成年人保护法》中第二章第十一条就规定："父母或者其他监护人应当关注未成年人的生理、心理状况和行为习惯，以健康的思想、良好的品行和适当的方法教育和影响未成年人，引导未成年人进行有益身心健康的活动，预防和制止未成年人吸烟、酗酒、流浪、沉迷网络以及赌博、吸毒、卖淫等行为。"由于孩子年龄小，对事物的初步辨别能力还在形成过程中，处于叛逆期的孩子因为冲动更难把握自己的言行举止。因此，父母更需要履行好监护的职责，对孩子不溺爱、不放任，督促孩子养成良好的行为习惯，同时学习一些法律常识，丰富家庭的健康文化生活，满足孩子的合理精神需要。不能忽视的是青春期教育，尤其是性教育，当发现孩子言行中有不好的苗头时要及时干预，防患于未然。

父母需要用心引导、合理监督，才能有助于孩子在人生的路上方向正确、不走歧途。

思考与练习

　　根据以上所学知识，尝试帮助小王老师进一步分析"强势奶奶的要求"这一案例，针对原因你还有什么合适的方法可以推荐给小王老师吗？请简单说说你的依据。

二、幼儿园教育是规范起点

"为什么这么早上幼儿园啊"

李阿婆的女儿女婿在大城市工作，外孙出生后忙碌于工作的年轻人无法兼顾工作和生活，于是李阿婆就像很多农村的老人一样来到城市里帮助女儿带孩子。孩子三岁时，女儿提出该让孩子上幼儿园了，李阿婆说："这么小就上幼儿园啊，孩子什么也不会，在里面哪里像家里这样照顾得周到，孩子很可怜的。"女儿说上幼儿园是为了让孩子尽早接受正规教育，对孩子今后的健康成长有帮助。李阿婆觉得很奇怪："我们以前哪有幼儿园啊，你小时候不也没上过幼儿园吗？现在还不是一样很好？上小学才是重要的。"女儿没能说服自己的妈妈。直到李阿婆发现小区里绝大多数孩子三岁以后纷纷进了幼儿园，听到大家议论"谁家谁家幼儿园好，孩子进去以后能干多了"，才同意女儿的想法，她心里还想万一不是那样再把孩子接出来，晚些上也不要紧。等到孩子进入幼儿园后，李阿婆发现原来现在的幼儿园条件很好，老师很专业，这才放心了。

分析：持李阿婆这样观点的来自农村的老人并不少。但在城市里，到了合适的年龄把孩子送进幼儿园已经成为一种共识，就像以前孩子到了入学年龄该送进小学读书一样的道理。甚至城市里的人们更注重优生优育，孩子受教育的年龄在逐渐提前，有胎教、早教等，目的都是为了孩子尽早接受规范的教育，受到良好的影响。这其实是经济文化高度发展以后，人们对教育的要求也越来越高的表现。

幼儿园教育是指儿童在幼儿园所接受的教育。幼儿园是对三周岁以上学龄前儿童实施保育和教育的机构，是基础教育的有机组成部分，是学校教育制度的基础阶段。[①]幼儿园的任务是：贯彻国家的教育方针，按照保育与教育相结合的原则，遵循幼儿身心发展特点和规律，实施德、智、体、美等方面全面发展的

概念扫描

---

① 摘自百度百科。

教育，促进幼儿身心和谐发展。①幼儿园教育的内容是广泛的、启蒙性的，可按照幼儿学习活动的范畴相对划分为健康、社会、科学、语言、艺术等五个方面，还可按其他方式做不同的划分。各方面的内容都应为发展幼儿的知识、技能、能力、情感、态度等服务。

让我们来看看幼儿园教育发展的历程，比较一下它与家庭教育之间的区别。

（一）幼儿园发展的历程

1. 解放父母

知识链接

世界上最早的幼儿园

如果有人问起，世界上最早的幼儿园是如何产生的？我们可以告诉他，最早的幼儿教育设施诞生于欧洲，是法国一位名叫"奥柏林"的教师兼牧师创建的。奥柏林看到年长的孩子能够进入学校去学习，而父母忙于工作和生活无法照顾年幼的孩子，于是便决心为他们创立学校。1767年，奥伯林在教区中租赁了房屋，聘请了女指导员，依照捷克教育家夸美纽斯的思想为贫苦家庭中没达到入学年龄的儿童开办幼儿学校。

从早期幼儿园的发展我们不难发现，幼儿园开办的出发点不只是为了照顾年幼的孩子，更多是解放父母、解放劳动力。我国的《幼儿园工作规程》（1996年）中也提到："幼儿园同时为家长参加工作、学习提供便利条件。"纵观幼儿园发展的历程以及人们对幼儿教育的认识，幼儿教育是整个教育系统里发展最晚也是最弱的一个。由于对人类发展认识的局限，幼儿园诞生初期对幼儿园工作的认识还没有到教育和开发潜能的层面。因而，幼儿园的功能中最早是"服务"，后来才有"教育"。可见，幼儿园既是教育机构也是服务机构。

我国的幼儿园最初更多的是依附于工矿企业，作为职工福利事业而举

---

① 《幼儿园工作规程》，中华人民共和国教育部，2016年。

办。目前，仍有不少地方和不少人对幼儿教育的认识仅仅停留在服务这个层面。最明显的是对幼儿园教师的称谓，那些还把幼儿园教师称作"阿姨"的人无疑就是这一认识的体现，而大城市中的家长都知道把幼儿园教师称作"老师"了。案例中李阿婆的想法也反映了前一种思想。因此，不少家长认为幼儿园多上一天少上一天没什么关系，上幼儿园"三天打鱼，两天晒网"，对幼儿园老师布置的任务也不是很重视。而到了小学这种随意性就少多了。在我国传统的概念里，"读书"才是学习，才是受教育，而"读书"是要到进入小学才开始的。可见人们容易认为学龄前儿童的发展不需要过多重视，因而也会忽视在孩子入学前积极的、科学的影响。近年来，随着经济和教育的发展，人们才逐渐转变观念，开始重视学前教育起来。

2. 儿童期的重要性

历史上，研究儿童发展的心理学家们发现儿童阶段的成长对人未来的发展起到非常重要的作用。儿童发展不仅是生理的发展，还有认知发展、人格和社会性发展等等。儿童的发展一般遵从"连续性、顺序性、不平衡性和差异性"的规律，同时儿童的发展还存在"关键期"。关键期也称为"敏感期"，是指人或动物的某些行为与能力发展的最佳时期。在关键期内如果给予适当的良性刺激，会促使其行为和能力得到更好发展；反之，就会阻碍个体行为与能力的发展。儿童期，正是语言、动作、行为习惯等发展的关键期，因而许多教育家都非常重视儿童期的教育。

世界著名幼儿教育家蒙台梭利博士指出："儿童良好的行为习惯的最佳养成期在二岁半至六岁。"幼儿教育之父福禄贝尔曾说："幼年时期如用吹灰之力养成一种习惯，成年之后，千钧之力也不易拔除。"美国教育学家杜威也说："最紧要的教育期是出生后数年，因为这时候的身心发展决定了一生的态度、行为、观念与思想趋向。"而我们中国古代就有"少成若天性，习惯成自然"、"三岁看大、七岁看老"等俗语。这些都表明儿童期教育得当会在今后收到事半功倍的效果。例如我们从小背诵的古诗文、从小练就的童子功，到了后来都不容易忘记，甚至对成年后人生的发展起到潜移默化的作用；还有那些从小受益于童年启蒙的名人们（林语堂、毛泽东、钱钟书、李开复等）都是这一发现的有力佐证，"狼孩"现象则是反面的、极端的证明。

随着经济的发展、社会的进步，儿童发展科学也更进一步，教育科学知识更是逐渐普及，人们意识到把孩子送进幼儿园不仅是解放父母，更重要的是让儿童得到更好的发展。但也有人会认为，既然儿童期那么重要，人们也可以在家一对一地对孩子进行有针对性的教育，不必非要送进幼儿

园啊。就这个问题，我们可以先来看下面的一个案例。

3. 对儿童更有益

"童话大王"育儿记

著名童话作家郑渊洁有一个女儿和一个儿子。女儿从小出类拔萃，学业非常优秀，在学校中是风云人物。而儿子却是个顽童，是让老师头疼的学生。郑渊洁作为女儿的家长每每去到学校都十分荣耀开心，而同时作为儿子的家长屡屡被学校请去又倍感纠结。最终，郑渊洁把儿子领回家中，自编教材，每天对他进行一对一的教育。后来，优秀的女儿毕业了很成功，而儿子也继承了他的事业把郑渊洁倾心打造的"童话王国"推向更好的发展。现在，他的儿子也成功了。人们向郑渊洁请教育儿良方，他说，女儿很适应传统的学校教育，并且也很享受在学校里的学习，那就让她在那里接受教育吧；儿子不是传统意义上的好学生，但他有自己的思想和特长，目前我们的学校还不能满足这样的孩子的个性化发展，我只有自己领回家来进行有针对性的教育，这样孩子同样可以成才。

分析：其实这个案例很好地回答了上面的问题。同时它给我们的启示非常多，涉及教育的时间、环境、科学性，还有教育者的专业性、能力等等。

首先，现代社会工作忙碌、压力剧增，大多数家庭中孩子的父母是双职工，他们没有额外的时间专门给孩子进行教育。而祖辈虽然时间宽裕，但身体机能不如年轻人，主要依靠自己原有的传统的育儿经验，对孩子起到的主要是安全健康的养育作用。由于没有经过现代的科学的育儿培训，他们很难保证有能力和精力像幼儿园的专业教师那样对孩子进行系统的、科学的教育。

其次，家庭环境相对比较拥挤、狭窄、不安全，也不利于孩子充分地运动和游戏，导致儿童身心发展的需要在家庭中得不到应有的满足。另外一个重要的原因：幼儿园是孩子踏入社会的第一步，有利于发展孩子的社会性。而家庭人员关系单一，儿童的交往模式和途径相对简单，尤其是独生子女家庭对孩子更多的关注和满足、溺爱等，容易养成孩子自我中心、自私、任性等性格，这样的封闭环境和单一交往会影响到儿童社会性的发展。而幼儿园中，孩子获得与更多不同的成人（教师、保育员、幼儿园中的其他教职工）以及同伴交往的机会。尤其是同伴交往，不仅能够提升儿童社会性情感的发展，而且还促进了儿童智力的发展。脑科学研究表明，人的智力发展与脑神经的细胞发育程度有关，而脑神经的细胞发育程度与儿童所处的环境是否丰富有关。所以有研究表明：那些出生于单一环境，没有经过外界丰富刺激的孩子，其思维能力、反应能力和交往能力都会大大落后于其他孩子。

以上分析并非在削弱和否认家庭教育的作用和影响，相反，家庭、幼儿园和社会三方对儿童发展的作用是相互补充、互相促进的。当孩子从家庭进入幼儿园，并不意味着孩子的教育任务完全从家庭转移到了幼儿园身上，而是多了一个群体和环境对孩子产生更丰富的、有意义的影响。家园关系不是简单的接力关系，而是一种协同教育的关系，家园应该成为教育的共同体。

一位家长为了不错过孩子"语言的关键期"，在孩子刚开始学说话的同时就教孩子学英语了。请你依据"关键期"的理论就这一现象进行分析，并给予家长合适的建议。

（二）幼儿园教育和家庭教育的区别

近年来我国的教育备受关注也备受指责，教师们更是感慨"现在的老师越来越不好当了"，不仅经济上受到很多冲击，而且教师也不如以前那样受人尊敬了。大家发现，家长们对教育是很关注，但同时也介入过多、质疑过多。甚至有的家长把国外的东西、把自己认为正确的东西照搬回来要求幼儿园采用，对老师的要求也越来越高，导致教师觉得家园关系紧张、工作压力倍增。到底是什么原因导致这些问题逐渐增多呢？让我们先来分析一下。

首先，经济发展带来生活水平和家长受教育水平的提高，家长们对孩子的成长也越来越关注。由于信息时代教育孩子的知识很容易获得，大多数家庭也只有一个孩子，许多家长把闲暇和精力大多投入到孩子的教育中。有的家长会把国内的教育和国外做比较，也会把幼儿园教师的专业水平和

自己所看到、所听到的进行比较，那些学历层次比老师高、又有机会到国外去参观学习的家长更是对幼儿园的教育提出了很高的要求，甚至对幼儿园教师的专业水平提出质疑等等。

其次，幼儿入园焦虑的产生也与家长的心理息息相关。孩子从出生起一直在家庭中备受呵护，家长对孩子的教养倾注了很多心血，他们习惯了天天围绕着孩子忙碌。当孩子进入幼儿园，势必结束了与家人朝夕相处的状况，这对很多父母（包括主要抚养者）是不小的转变，同时也是一种挑战。其实不仅孩子有入园焦虑，家长也有。有的家长送好了孩子不放心，也舍不得离开，躲在门边或者窗外守候、张望，甚至有的家长看到孩子哭自己也哭，听说孩子吃饭不香睡觉不好或者感冒了之类的就打起了退堂鼓。当家长的焦虑不知不觉传染给孩子，就更不利于孩子尽快适应了。所以，这时候的家长非常关心孩子，想了解孩子在幼儿园生活的方方面面、时时刻刻，有的家长甚至想用录像记录下来。

事实上，幼儿园教育以集体教育为主，与注重个别化的家庭教育还是存在着诸多不同。我们了解了之后便能正确看待这些现象，心中有数的同时也有助于我们与家长进行有效的沟通。就教育而言，幼儿园与家庭的不同表现在以下几方面：

1. 硬件标准高

幼儿园依照国家相关标准建设，其环境更多考虑到对幼儿的身心发展有益。与家庭相比，幼儿园更加宽敞、干净和安全。除了班级活动室以外，幼儿园还有专门的活动室和户外运动场地。专用活动室和户外运动场地根据孩子的身心发展需求设计，投入了各种各样丰富的、富有教育意义的教玩具等，让孩子获得身心全面的锻炼和有益的发展，同时也提高了单位时间的教育有效性。这些是一般家庭不太可能拥有的。

图1-4　幼儿园环境明亮、宽敞

图1-5　幼儿园有专门的户外运动设施

2. 软件更专业

正如案例"'童话大王'育儿记"中的那样，郑渊洁作为知名作家有充足的时间和能力为自己的孩子量身定制不一样的教育，并不是每个家庭都能有足够的时间、能够自编科学的教材、运用科学的教育方法一对一地教育孩子。很少有家长能清楚而具体地说出培养孩子的目标是什么，让孩子做事的目的是什么，也不太会计划性地使用全面的、循序渐进的科学教材和教育方法等。他们对孩子的教育更多依靠感觉和经验，是一种自发的行为。

图1-6　幼儿园拥有专业的教师

与家庭相比，幼儿园有专门的适合不同年龄段孩子的课程和专业的教师，培养幼儿有明确的目的、清晰的计划、科学而丰富的活动。幼儿园教师明白什么是适合幼儿发展的、好的教育，他们能说清一日生活中各个环节、常规到每个具体的活动与游戏对幼儿发展的意义。教师需要制定计划、布置环境、教研和反思，甚至进行科研。同时幼儿园还会定期接受上级的检查、评估和督导，以促进幼儿园教育质量的不断提高。可见幼儿园的教育更加理性、更加专业，是一种自觉的行为。

3. 氛围不一般

孩子在家中会感觉到自己是家庭的中心，家人对自己大多是关爱和忍让的，因而在家中也较为任性、顽皮，就算父母比较严格，孩子也只是有时候收敛一下。而到了幼儿园就不一样，毕竟幼儿园不是家里，老师就算疼爱自己也比父母要理智、注重规则，还有更多同伴和自己分享幼儿园中的玩具和老师的关心等，孩子不能像在家里那样随心所欲、为所欲为。这种氛围的不同其实更多的是一种心理环境的变化。在这样的氛围中，孩子更能克制自己的不良行为，逐步修正自己在集体中的表现。

还有，教师面对孩子的心态和父母面对孩子的心态也有所不同。父母教育孩子的经验相对比较欠缺，等发现问题再进行弥补多半已是亡羊补牢了，而教师却能够不断积累经验，越来越会有针对性地教育不同的孩子。所以有的家长会感慨："幼儿园老师真不容易，我们家里这么多人带一个孩子都带不过来，幼儿园老师一个人带三十个孩子却游刃有余，有的老师

还那么年轻没结婚呢！"其实这就是幼儿园教育和家庭教育的区别造成的。

从这个角度来说，父母需要不断地学习科学的育儿知识，教师则需要引导家长提升教育的能力，双方彼此协调、互为补充，以提高共同教育孩子的有效性。

 思考与练习

根据以上所学知识，你认为幼儿园教育和家庭教育还有哪些地方不一样？请具体说明。

三、幼儿园家长工作的重要性

  案例分析1-6

新教师的压力

小周老师是一名刚从幼师毕业的新教师，工作不多久她便发现幼儿园教师的工作和自己以前所想的有些不一样。原来她以为幼儿园教师主要是带着孩子们学习、游戏，健健康康快快乐乐就行了。可是工作后才发现，家长们怎么要求那么多那么高啊。小周老师每天都花了相当多的时间和精力在家长工作上，有时候还吃力不讨好，这让她觉得很困惑，甚至还有些力不从心。而幼儿园在学期末还会发放家长问卷，家长工作作为学期考核的一项内容，这让她倍感压力。小周老师渐渐犯难了：

◇ 为什么家长的关注会那么多、那么细，需求也多，而且每个人还都不同？

◇ 家长工作要花费那么多的时间和精力，有必要吗？每个幼儿园每个班都需要这样来做家长工作吗？

◇ 为什么有的家长遇到问题不愿意和年轻教师交流，而是要和老教师，甚至保育员交流呢？

老教师的发现

与小周老师同在一个班级的有经验的老教师，也发现现在的家长更关心孩子在幼儿园的情况了，而新教师小周老师却因为没有带孩子的经验而让很多家长不放心，还有些家长一有问题就去找园长，让老师工作很被动。她的发现有：

◇ 家长关心的面扩大了，不仅关心孩子的生活，还关心孩子的学习、与人交往、表达表现等。

◇ 孩子越来越聪明，能说会道，但有时候家长偏听偏信，担心自己的孩子在幼儿园里吃亏而与老师产生矛盾。

◇ 新老师的年轻、积极和充满活力容易得到家长们的肯定，但缺乏带孩子和与家长沟通的经验，往往影响到她们工作的情绪和效率。

分析：上面的案例其实是在幼儿园中常见的典型案例，我们可以看出：新教师有工作的激情和积极性，但由于缺乏工作经验和与家长交往的技能技巧，往往一开始会遇到家长工作方面的困难。尤其是新教师的角色刚从"学生"转向"教师、成人"，其自我认同感和自信心也有不足，会影响到家长对她们的信任。现代的家长对孩子关注越来越多，要求也越来越高，这是一种无法回避的趋势。幼儿园的功能不仅仅有教育，还有服务，幼儿教师不仅需要照顾、教育好幼儿，同时还需要让家长满意、让家长安心工作。这是幼儿园的工作职责，是幼儿教师重要而必须的工作之一，也是幼儿健康和谐成长的需要。当然，不同的幼儿园和班级家长的情况也不一样，家长工作需要做到有的放矢。

概念扫描

幼儿园家长工作是幼儿园工作的重要组成部分。我国在1996年3月颁布的《幼儿园工作规程》中指出："幼儿园应主动与幼儿家庭配合，帮助家长创设良好的家庭教育环境，向家长宣传科学保育、教育幼儿的知识，共同担负教育幼儿的任务。""幼儿园可采取多种形式，指导家长正确了解幼儿园保育和教育的内容、方法，定期召开家长会议，并接待家长的来访和咨询。""园长和教师要组织和指导家长工作，与家长保持经常联系，了解幼儿家庭的教育环境，商讨符合幼儿特点的教育措施，共同配合完成教育任务。""园务委员会由保教、医务、财会等人员的代表以及家长代表组成。"2001年9月起试行的《幼儿

园教育指导纲要（试行）》中指出："幼儿园应与家庭、社会密切合作，与小学衔接，综合利用各种教育资源，共同为幼儿的发展创造良好的条件。""家庭是幼儿园重要的合作伙伴。应本着尊重、平等、合作的原则，争取家长的理解、支持和主动参与，并积极支持、帮助家长提高教育能力。"

随着经济和社会的发展，教育的需求越来越高，也越来越多元化。社会的变化让幼儿园家长工作面临着许多新的挑战和机遇。家庭教育和幼儿园教育之间如何互补、如何合作，成为现代幼儿园家长工作的重要内容。

（一）幼儿园家长工作的挑战与机遇

1. 来自家长的挑战

案例分析1-7

"每个孩子的家庭都那么与众不同，每个家庭对待幼儿园的态度也不同"

新学期开始前，小王老师和搭班老师一同去上门家访，她发现每个孩子的家庭有很多相似但也有那么多的不同。由于大多数家庭父母是双职工，孩子是独生子女，一般都有祖辈或者保姆、钟点工帮忙照顾孩子，于是一大家子人如同众星捧月一般关注着孩子。也有一部分家庭孩子的妈妈是全职妈妈（一般这样的家庭经济条件都不错），她们把自己所有的时间和精力都投入到了家庭和孩子身上，希望老师就像自己对待孩子那样事事关心，甚至容不得孩子在幼儿园里受到一点点"不公正"和"委屈"。还有一部分家长仿佛"甩手掌柜"，对孩子什么都不管，平时全都交给父母或者保姆。也有一位家长拒绝老师上门家访，于是小王老师便约了家长带着孩子来单位进行交流，这才了解到原来孩子父母分居了，家里一团糟，家长不想老师知道这些，担心老师会另眼看待自己的孩子。

开学以后，孩子们陆续进入了幼儿园。小王老师发现有一个孩子什么也不懂，到处乱跑，好几次都是老师们在别的班级或者户外才找到他。小王老师很担心孩子的安全，便和家长进行沟通，想了解家中的情况。谁知道孩子的爸爸豪爽地说："我们在家里就是这样的，什么也不管他，现在进了幼儿园，老师您随便管，不听话打他都可以！"小王老师听了说不出话来，不知如何是好。小王老师还发现虽然自己每天都公平公正地对待每位孩子和家长，但每个家庭对待幼儿园的态度也不尽相同。有的家庭很关注孩子成长，可每天来接孩子的、开家长会的、参加家长开放日的家长变来变去，一会儿是父母，一会儿

图1-7　家长的回答让小王老师说不出话来

是祖辈，一会儿是保姆，造成家园沟通的效果和连续性大打折扣；有的父母听到孩子在幼儿园被同伴抓咬了非常生气，认为老师缺乏责任心，既没有照顾好自己的孩子，也没有教育好别的孩子；有的家长对幼儿园活动特别关心，甚至指手画脚，希望幼儿园开设各种兴趣班，提前进行识字、计算和拼音教学；有的家长却觉得老师布置的"任务"太多，占据了家长的工作时间，以为幼儿园是在推卸教育责任。

分析： 由以上案例我们可以总结出现代家长中两类特殊人群：推卸教育责任的家长和过分焦虑紧张的家长。

前一种家长认为：孩子进了幼儿园，教育的责任就从家庭转移到了幼儿园，自己只要负责孩子的生活，孩子的教育应该全是幼儿园的事了。造成这样错误理解的原因可能有：有的家长工作忙碌，没有时间或者自己不会合理利用时间，造成抚养孩子和工作之间产生了矛盾；另外也有可能是家长自身没有能力，缺乏教育孩子的信心，认为幼儿教育只有专业的幼儿教师和幼儿园才行；第三种原因是家长认为没有必要，简单地把教育等同于其他商业的服务，认为教育就是教师的责任，与己无关。针对这样的家长，需要更新观念，帮助其完善对幼儿教育的认识，同时给予适当指导，帮助家长提升育儿能力和自信。

后一种家长过于焦虑和紧张的原因可能是：缺乏与幼儿成长相关的知识（如：入园适应、特色培养、幼小衔接等），容易"跟风"；还有就是自以为

是，过于依赖信息时代获取的那些知识，缺乏科学的指导；再有就是对幼儿园信任不足（如：幼儿园要不要装监控、过节要不要给老师送礼、老师会不会瞧不起自己孩子等等）。

　　针对以上现象，我们不难看出幼儿园家长工作面临的来自于家长的挑战有如下一些方面：①

　　◇ 家长对于孩子的关注度加强了，他们更多地关注自己的感受和想法，对办园理念、教师素质等都有自己的要求。但他们的教育诉求与现实教育环境中的回应存在落差，幼儿园的教育水平，尤其是与家长沟通共育的水平需要提高。

　　◇ 家长的维权意识在增强。随着我国社会法制规范逐步完善，家长的人权观、保护家庭隐私的意识等都加强了。他们对于孩子在幼儿园受到的教育和保育权利特别敏感，常常会投诉教师的某句话打击了孩子的自尊心，使孩子的心理受到伤害，或教师的某个行为伤害了孩子，是变相体罚等。而且在和教师、幼儿园的沟通中，经常会主动运用法律武器来提出自己的诉求，甚至有时候直接告上法庭。相对于家长，教师对相关法律知之甚少，常常处于被动的局面。

　　◇ 负面新闻的增多和媒体的报道，让社会对教师的教育素养心存疑虑。随着社会的开放，有的新闻媒体在各种利益的驱使下报道偏多负面消息。尤其是近年来关于教育的、幼儿教师的负面消息颇为夺人眼球，让整个社会对幼儿教育的信心越发不足。一旦有事情，家长就容易产生相关联想，对幼儿教师的素质产生怀疑和不信任。

　　◇ 家庭关系多元化了。现代家庭模式、人员关系比以往更加复杂，家庭成员之间矛盾冲突有所增加，这些形成了新的沟通障碍，增加了教师开展家长工作的难度。教师不仅要做好父母的家长工作，还要做好家庭其他成员的工作，有时候甚至还要去帮助调和他们之间的矛盾。

　　针对这些情况，我们一方面要理解和接纳，因为这是客观存在的；接着要沟通和交流，打消家长的顾虑，找出焦虑背后的原因是什么；最后进

---

① 《家园共同体的建构——幼儿园家长工作的方法与策略》，教育科学出版社，2011年1月。

行有针对性的专业指导，帮助家长理解儿童、理解教育，掌握科学的育儿理念和育儿方法，大家共商共计促进孩子的健康成长。

你认为来自家长的挑战中哪一种更让幼儿园家长工作难以开展，原因是什么？有什么办法可以改进吗？

2. 来自教师的挑战

"我们为什么样样事都要听家长的？我们也要维护自己的权利！"

小王老师把遇到的家长工作的困惑告诉了自己的带教老师和领导，园领导很重视，觉得这些问题很有代表性，于是组织老师们进行讨论和分析。小李老师等年轻教师和一些工作了多年的老教师们纷纷发表自己的看法。有的认为：大多数家长还是明事理、尊重老师的，但总有少数家长对老师和幼儿园的要求很高、很苛刻，教师不应该样样事都听家长的，尤其是那种不懂教育、不管孩子，却对老师要求很多的家长，否则会助长这些家长的不合理要求；有的老师认为幼儿园教师应该像小学甚至中学教师那样对家长"严厉"一些，是家长听老师的而不应该是老师听家长的；也有的老师认为上级部门那么重视家长工作满意度，说明幼儿园工作的性质决定了幼儿园还是要服务于家长，因此对家长应该和蔼一些，工作细致一点，尽量满足家长的要求，不要和家长面对面冲突，以免影响幼儿园的形象和招生；还有的老师觉得家长遇到事情应该先和教师沟通，不行再和领导沟通，不应该随随便便就采取非常手段，如果是那样，教师也应该维护自身合法权益，而不是委曲求全。

分析：通过以上老师们的讨论我们会发现，幼儿园家长工作是否顺利、工作效益是否取得最大化与幼儿教师的家长观、开展家长工作的经验和能力是息息相关的。首先，认识和理解偏差就会导致方法和行为的偏差，常见的幼儿教师中存在的错误家长观主要有：把家长当成"上帝"或者把家长当做"局外人"。

前一种观念是教育市场化遗留问题的显现，持那样观念的人把教育简单等同于其他的商业产品，于是教师就成了服务者，有的甚至提出"跪式服务"，把家长奉为"上帝"，样样都听上帝的，为上帝服务天经地义。这在一些民办幼儿园被奉为"圣经"。

后一种观念主要存在于一些老教师和传统管理者的观念中，因为在面对幼儿园工作的新要求和家长的质疑时感到麻烦、压力倍增，她们要么刻意回避，要么简单处理，这是很多幼儿园和教师有意无意的选择。原因主要有：出于惯性，习惯了以前家长不懂、不敢也不会参与幼儿园教育，由幼儿园和教师说了算的状况，认为现在家长的过于关注是多事；还有就是省事、免得麻烦，简单处理既方便自己，又避免了自我成长的压力。这种拒家长于门外的管理者和教师从行为上折射出其心态的封闭性和对自身教育的专业性缺乏自信。

由此我们也可以看出幼儿园家长工作面临的来自教师的挑战有如下一些方面：[1]

◇ 很多教师和孩子父母自身也是独生子女。独生子女具有过分关注自我、以自我为中心等一些消极特征，他们在交流互动的过程中不习惯、不愿意也不善于去关照对方的感受和想法，尤其是年轻教师更缺乏与不同类型家长、家庭中不同成员交流的经验和方法，所以有时候会无意识制造出家园矛盾。

◇ 在我国教师专业培养中有关家长工作内容是缺失的。目前，我国幼儿师资培养课程结构中没有与家长工作相关的科目，就算别的科目提到一些相关内容也只是简单带过、泛泛而谈，与当下幼儿教师实际工作中遇到的情况有所脱节。而工作以后这方面的培训学习也较少，很多老师只是通过带教老师口耳相传，或者依据自身的工作经验积累而成，缺乏科学指导和有效帮助。

---

[1]《家园共同体的建构——幼儿园家长工作的方法与策略》，教育科学出版社，2011年1月。

◇ 教师的地位、权威和专业性受到挑战。随着家长对教育及自身孩子关注度的提高，他们（尤其是一些全职妈妈）积累了很多家庭教育中的个性化教育理念和方法，并在实践中进行运用。他们陪伴孩子成长的整个过程，同幼儿园教师一样，成为教育自己孩子的专家。因此，现在的家长也不会盲目相信和崇拜教育机构和教师，只有专业的、科学有效的育儿理念和方法才能得到他们的认可和尊重。

针对这样的情况，我们首先要明确什么是正确的家长观，我们应该把家长当作教育者和合作者。接纳家长是孩子的教育者这个客观事实，有助于教师能够全面分析孩子发展的影响因素、重视家长对孩子的教育影响，以整合家庭的教育资源和力量，优势互补，把对孩子的教育影响发挥到最大化。其次应该加强教师的专业性培养，尤其是家长工作这一内容，这也是现代社会对与人打交道的工作的重要要求之一。我们对于家长的监督需要有一定的宽容度，同时教师也需要对自己的行为拥有专业性的解释能力。在帮助家长理解教师的工作的同时，有助于提高教师的专业水准和专业追求。

你认为来自教师的挑战中哪一种更让幼儿园家长工作遇到困难，原因是什么？如果你是一名教师，你可以提出改进的方法吗？

3. 幼儿园家长工作的机遇

由"敌人"变朋友

小周老师工作之初遇到一件令人头疼的事情，有个孩子刚入园没几天就感冒了，好了以后来园没几天又生病了，反复了几次，于是奶奶认为幼儿园没有照顾好孩子，打算把孩子接回家等半年后再说。孩子的妈妈不高兴了，到幼儿园来"兴师问罪"。小周老师很委屈，她觉得孩子的母亲是医生，应该更能理解为什么新入园的孩子容易生病，但孩子母亲认为虽然环境有所改变、个体

图1-8 邀请家长做讲座

也有差异，但幼儿园教师也不能听之任之，还是应该采用科学有效的方法来避免。双方谁也说服不了谁，孩子不再来园。

一次小周老师午餐时说起这件事被园领导听见了，园领导说："孩子的母亲是医生，她有好的办法可以帮助孩子更健康地适应幼儿园生活吗？如果有，可以请她来给家长们做讲座啊。"小周老师一开始有点担心家长不愿意，或者会利用讲座乱讲幼儿园的不好，园领导说："如果你诚心邀请，并且真的都是为了孩子们好，家长会感觉到的，也会配合你的工作。"小周老师打消顾虑去邀请家长，果然，孩子的母亲解开了心结，说之前因为孩子生病自己也比较冲动，有时候偏信了奶奶的话，她表示愿意来给其他家长开设相关讲座。

后来，这个讲座获得了很好的效果，医生母亲不仅介绍了科学育儿的方法和健康适应的良方，还善意地提醒家长们要理解并配合老师的工作，共同帮助孩子尽快安全健康地适应幼儿园的新生活。小周老师很感动，从此以后她与这位家长还成为了很好的朋友。

这件事让她深受启发，当家长由"敌人"变成"朋友"，不仅关系改善了，心情愉快了，教育的合力也增强了。

分析： 从这个案例我们可以看到，虽然一开始家长受感情因素的影响走到了老师的对立面，甚至不信任老师，不愿意再让孩子来园。但后来在老师的诚恳邀请下理智地认识到了老师其实还是为了孩子好，于是她也愿意用自己的知识尽一份力去帮助更多的家长，和老师一起共同担负教养孩子的责任。

所以，事物总有两面，即便幼儿园家长工作面临诸多挑战，但同时也带来了很多机遇。这些机遇主要有：

◇ 家长对子女教育的关注和参与有助于提升幼儿教育的质量。相关数据表明，近十年来我国人口的受教育程度在显著提高，我们也发现那些对子女教育更多关注和参与的家长多半是学历层次高的家长。

研究表明：父母的受教育程度影响着他们对孩子教育的关注度以及育儿的意识和能力，也影响着孩子各方面的发展。[①]所以，家长更多的关注和参与其实是必然的也是有益的。在发达国家，幼儿园向家庭和社区开放的程度较高，很多家长作为志愿者可以随时参与到幼儿园的教育中。正如上面的案例一样，只要幼儿园打开园门，幼儿教师敞开心扉，合理运用家长资源，反而能够解决一些工作中的难题，化被动为主动，家长资源成为幼儿园教育资源的补充，大家共同来提升幼儿教育的质量。

◇ 对教师专业化的挑战有助于幼儿师资队伍的专业成长。在这个挑战中碰撞最多的是"怎样教育孩子会更好"。教师专业化受到质疑的自然是一线的老师，大家深深感到了家长对教师的要求越来越高。当家长把幼儿教师的称呼从"阿姨"改为"老师"的时候，对老师的要求便从"只要照看好孩子"变成了"要能给孩子更好的教育"。幸而幼儿教师的教育素养也在一步步提高，幼儿教师从多年前以经验为主的状态逐步走上了专业化的道路，保育和教育的科学性和艺术性都在提高。[②]从近十年来的统计数据可以看到，幼儿园教师和园长的学历层次在大幅提升，上海等特大城市的幼儿教师学历层次已经提升为本科，甚至研究生学历也在逐步增加。并且国家在幼儿教师的职前教育中开始重视"家长工作"等实践性课程的设置，同时在职后教育中不断加强教师的培训和学习，把幼儿教师培养为"实践的教育专家"。教师专业水平的提高增强了家长对教师教育能力的信任，同时也增强了幼儿教师在面对家长时的专业自信。

 思考与练习

　　和同伴一起商量，选择一组幼儿园家长工作遇到的挑战和机遇进行表演，亲身感受的同时思考一下幼儿园家长工作的重要性和必要性是什么。

---

① 《幼儿园教师家长工作指导》，江苏教育出版社，2014年3月。
② 同上。

（二）幼儿园家长工作的重要性和必要性

案例分析1-10

评估与检查对幼儿园家长工作的要求

小李老师进入幼儿园后，渐渐适应了日常的工作，但一到幼儿园接受上级检查和评估时，便会忙碌起来。尤其是幼儿园评级和督导，上级领导会在当天早上对来园家长随机发放一定数量的问卷，以了解他们对幼儿园及教师工作的满意度。据说满意率要达到90%以上，否则就会严重影响到幼儿园的办学质量评估。而每学期末，幼儿园还会自行发放家长问卷，收集统计后一方面作为教师的学期考核参考，另一方面则进行问卷分析，以便下学期有针对性地改进工作。所以小李老师和同事们现在都非常重视家长工作。

分析： 从上面的案例我们可以看出，国家对幼儿教育是有相关要求的。2001年7月，教育部颁发的《幼儿园教育指导纲要（试行）》中指出："幼儿园应与家庭、社会密切合作，与小学相互衔接，综合利用各种教育资源，共同为幼儿的发展创造良好的条件。"这些要求除了呈现在文件中，还直接转化为上级部门对幼儿园的具体评估和检查。

图1-9　社会对幼儿教师的专业化要求不断提高

现在，不仅是家长，整个社会对幼儿教育的关注也在不断提高。2021年，《中华人民共和国家庭教育促进法》颁布，强调尊重未成年人身心发展规律和个体差异，保障未成年人合法权益，贯彻科学的家庭教育理念和方法，家庭教育、学校教育、社会教育要紧密结合、协调一致。党的二十大报告也强调坚持教育优先发展，要加快建设高质量教育体系，其中包括加强师德师风建设，构筑专业优质的教师教育体系；加强家庭家教家风建设，以落实立德树人为根本，健全学校、家庭和社会相互促进的协同育人体系，等等。国家对幼儿教育的要求直接转化为对幼儿教师的专业化要求，同时也成为幼儿园工作质量提升的关键。

1. 幼儿教师专业化的要求

我们知道，幼儿教师的工作过去重视的是"保育"，更多依赖的是经验；师徒带教主要是口耳相传，教师要做"婆婆嘴"，新教师通常"要吃三年萝卜干饭"。而现在随着时代的发展已经有了很多改变。近几十年来幼儿教育开展了一系列课改，国家陆续颁布了《3—6岁儿童学习与发展指南》《幼儿园保育教育质量评估指南》，要求幼儿教师做"专家型"的教师，幼儿园不要搞不切实际的特色课程。对此，也有一些不同看法，有的认为："幼儿教师就像大厨，只要把原材料烧成可口饭菜就行了，不必要选种、种植、收割、烹饪样样都干。"也有的认为："课程，

图1-10 幼儿教师的工作兼具实践性、可操作性和专业性

应该是专家做的事情，否则权威性、专业性不能保证。"这些声音一方面说明我们的幼儿教师时间精力有限，不可能面面俱到；另一方面也提到了"专业性"的界定。其实幼儿教师的工作与别的教师工作有着很不一样的地方，它具有实践性、可操作性，另外也具有一定的专业性。与大学专家不同的是，幼儿教师是实践性和专业性相结合的专家；幼儿教师的研究和大学专家的研究也不一样，更偏重实践操作，研究成果应该要能帮助改进工作，在日常工作中能有效运用。

因而幼儿园的家长工作更需要专业性的方法和指导，这对一个刚从事幼儿工作的教师来说尤为重要。

2. 幼儿园工作质量提升的关键

上级部门对幼儿园办园质量的要求是全方位多方面的，家长问卷不仅能反映幼儿教师的工作情况，更能对幼儿园的管理工作做较为全面的调查。因此，我国的《幼儿园工作规程》还规定"组织和指导家长工作"是园长的主要职责，通过指导家长和与社区的联系和合作，幼儿园的教育工作得以系统地开展，儿童的教育效果得到保障。二十大报告中提到的"健全学校、

家庭和社会相互促进的协同育人体系"，也需要我们在新时期将家庭教育、学校教育和社会教育紧密结合。

因此，园长要成为幼儿园家长工作的规划者、指导者和协调者，帮助幼儿教师进行家长工作的具体实施。由此我们看到，家长工作不仅仅是幼儿教师一方面的工作，更是幼儿园各部门、每位教职工都应该重视的工作。由于家长工作的重要性和专业性，只靠一位园长、某几位教师或者一个部门是不可能使家长们满意的。园长首先要非常重视家长工作，设立一个部门或者专人负责，从管理的角度方方面面进行布置，尤其是要对教师进行专门的指导和帮助，与家庭、社会加强联系和指导，把家长工作做细做实。

图1-11　家长工作的受益者，必将是我们的孩子

幼儿园和教师能够向家长传递正确的教育理念和科学的教育方法，家长才能真正了解幼儿园和幼儿教育，知其然又知其所以然，才能积极配合幼儿园的工作，共同担负起教育幼儿的责任；家长的支持和帮助同时也能促进幼儿园的办学质量，这便是幼儿园开展家长工作的必要性和重要性所在。而最终，受益的将是我们的孩子。

思考与练习

　　幼儿园家长工作的重要性和必要性是什么？结合自己的切身体会谈一谈对"幼儿教师专业化"的认识。

第二单元

幼儿园家长工作的途径和方法

本单元主要围绕"幼儿园家长工作的途径和方法"进行详细的介绍。日常幼儿园家长工作的途径和方法主要有：家访、日常交流、约谈、家长会、亲子活动、家长开放日、家长学校、家委会、家长志愿者、家园沟通媒介等等，这些途径是幼儿园家长工作中运用最多也最实用的。本单元我们会就各项内容进行详细的阐述，请把握学习目标中的要点。

第一节 家访

学习目标

- 理解家访的重要性和必要性；
- 掌握家访的原则和策略。

认真开展幼儿园家长工作，建立新型和谐的家园合作关系非常重要。信息技术的飞速发展，为开展家园沟通开辟了更多、更新的渠道，如：短信平台、QQ群、微信、网络论坛等。有了这些信息技术的运用，"家访"这一传统的家园沟通方式还需要吗？它有什么重要性和必要性呢？本小节将围绕各类家访：新生家访、插班生家访、新教师家访、个别幼儿家访等，指导教师与家长、幼儿面对面进行沟通，使教师与家长、幼儿建立积极的情感，彼此产生信任，为今后的工作打下扎实的基础。

一 新生家访

在新生家访的过程中我们发现，虽然大多数的教师都意识到了与家长和孩子沟通的重要性，但往往是老教师"唱主角"，年轻教师在一边插不上话，不知该和家长聊些什么，用什么样的方式和语气。所以有时家访回来才发现有些关键问题没了解清楚。

图2-1　新生家访对一些年轻老师来说并不是件轻松的事

案例分析2-1

来自家长的声音

我的孩子马上就要上幼儿园了，第一次离开我们，孩子难免会有焦虑、不安，我们自己也会有关于孩子未来集体生活的诸多疑虑。幼儿园的生活是什么样的？孩子会不会适应？老师会不会喜欢我的孩子？如何让我们家长对幼儿园和老师放心呢？"新生家访"是老师和我们、孩子之间的第一次直接接触沟通的机会，在我们家中孩子会比较自然，我们也有很多问题想要和老师交流。新生家访为我们孩子顺利入园提供了一个良好的开端。

分析："新生家访"是孩子们是否能顺利度过"新生入园过渡期"的重要环节。通过新生家访，孩子入园前可以熟悉教师；家长也可以将孩子在家的基本情况与教师进行沟通；教师对班上孩子的性格、爱好等均有了较为深刻的印象。以上的这些认知与准备，是教师了解每位幼儿和每个家庭的良好契机，是今后家长工作顺利开展的重要基础，更有助于新生顺利度过"入园过渡期"。

有效的"新生家访"，有助于教师根据孩子的不同特点进行有针对性的指导，与家长进行心灵的碰撞，这样不仅拉近教师和家长之间的距离，还能提升教师在家长心目中的形象。

"新生家访"可以促进家园互动的有效性。教师通过新生家访提出家园配合的目的、要求，保持家园教育的一致性、协调性；家长也从交谈中了解到幼儿园教育和家庭教育之间存在的密切联系，沟通信息，共同商讨符合幼儿特点的教育措施。

由于新生家访非常重要，因而要做好充分的准备，并注意一些方法和原则。

> **概念扫描**
>
> "新生家访"是指新生正式入园前教师的家访。它是一个深入了解新生个人具体资料，了解新生的家庭教育状况，与家长沟通教育观念，帮助新生尽快适应幼儿园生活的必不可少的环节。

（一）新生家访的准备工作

一次成功、有效的新生家访工作应该做好哪些充分的准备呢？

1. 了解幼儿信息

根据《新生入园登记表》（见表2-1）了解幼儿和家长的相关信息资料：孩子的身体情况、生活行为习惯、兴趣爱好、个性特点等，做到心中有数。对特殊信息，如单亲、有生理缺陷、特异体质等情况要特别关注，对家长辅助说明的有关事项也应一并了解清楚。《新生入园登记表》可以在家访后由家长自行填写，开学时交给班级教师。班级教师在回收表格时还应仔

表2-1 新生入园登记表

编号：＿＿＿＿＿＿＿　　　　　　填表日期：　　年　　月　　日

幼儿信息	姓　　名		性别		民族		照片
	出生日期		年龄		籍贯		
	家庭住址						
	户口所在地						
家长信息（包括主要接送人和紧急联络人）	姓　　名	关系	工作单位			联系电话	是否主要接送人
保健要点	是否有过如厕训练：□是□否　　　是否会自己穿脱衣服：□是□否 午睡是否有特殊习惯：□是□否　　　是否能够自己吃饭：□是□否 是否挑食：□是□否　喜食＿＿＿＿＿＿＿　　　厌食＿＿＿＿＿＿＿ 有无过敏食物：□无　□有　过敏食物为＿＿＿＿＿＿＿						
健康状况	曾患过哪种疾病（请在疾病名称上打"√"） 水痘　皮肤病　肝炎　肺炎　哮喘　胃病　肾病　骨折　风疹　腮腺炎　白喉 癫痫病　贫血　其他（请写明疾病名称）＿＿＿＿＿＿＿＿＿＿＿ 有无过敏药物：□无　□有　过敏药物为＿＿＿＿＿＿＿＿＿＿						
特殊告知事项及要求：							
报名日期		分配班级		教师签字		家长签字	

细再看一看，和另一位教师做好幼儿相关信息的及时交流。

2. 提前电话预约

一般应至少提前一天和家长电话预约家访时间，应避开用餐和午睡时间。在电话中除了确认家访时间与地点外，还可让家长将老师要来家访的情况提前告知幼儿，让孩子做一些与教师见面的心理准备，消除陌生感和紧张感。如果家长不希望在家中与教师见面，教师应尊重家长的决定，不必强求，约定一个双方都能接受的见面地点和时间即可。

知识链接

家长如果不愿意教师上门家访一般会有特殊原因，教师需要留心观察或者友好地向家长了解原因。如果是家庭的个别原因应该以尊重、保密、不另眼看待孩子为原则；如果是因为家长不信任教师，如担心教师上门收红包等就应该及时打消家长顾虑，以自身为榜样宣传、示范教师良好的师德形象。

注意：如果家访时有家长要赠送礼物，一定不能接受，应该友好而坚决地拒绝，感谢家长的同时向家长说明教师的师德要求和幼儿园的规章制度，避免家长的误解，以保证今后工作的顺利开展。

3. 物质准备

教师在家访前，将所需的物品准备好，如入园指导手册、开学所需的物品清单、接送卡、送给幼儿的小礼物（教师自制的折纸或小卡片等手工作品）等。

4. 恰当的仪表、仪容

家访时教师不穿奇装异服、不浓妆艳抹。着装以端庄、整洁、大方、自然为宜，应该适当修饰自己的仪表，树立平易近人的、具有亲和力的教师形象，以赢得孩子的喜欢和家长的信任。

5. 设计合理的家访路线

根据家长所提供的地址，查找地图，确定切实可行的家访路线，有效利用时间，保证和孩子、家长的沟通交流尽量充分一些。

6. 拟定一份简单的提问大纲

两位教师可以分工，谈话内容尽量围绕提问大纲进行。这样家访内容紧扣主题，不会无话可谈，也不会开"无轨电车"，有利于全面高效地完成家访。

新生家访提问大纲

1. 孩子的乳名是什么？
2. 孩子平时喜欢吃什么？玩什么？对什么事情比较感兴趣？
3. 孩子在家的作息时间是怎样的？
4. 孩子的自理能力如何？（穿脱衣服鞋子、大小便、喝水吃饭等）
5. 孩子的语言表达能力如何？（表达自己意愿、礼貌用语、简单讲述）
6. 孩子的动作发展能力如何？（走、跑、跳、平衡等）
7. 孩子的性格特点（内向型、外向型）
8. 孩子与人交往的能力如何？
9. 家中哪位成员教养孩子比较多？
10. 家长对孩子的期望是怎样的？

（二）新生家访时的沟通原则

原则一：要倾听。

在新生家访时要注意倾听家长的心声，用真诚的心相互沟通。教师应静下心来，当个耐心的"听众"，倾听家长对孩子情况的介绍，倾听家长的担忧，倾听家长发表自己的教育见解等。家长是最了解自己孩子的，不妨为家长创造"诉说自己的心思"的机会，接纳家长的意见，共同走好家园沟通的第一步。

原则二：要记录。

因为新生家访时，时间安排较为集中，信息量也会比较大，这对教师的记忆力是很大的考验。俗话说，"好记性不如烂笔头"，教师应准备好笔和记录本。家访过程中，教师可以围绕预先准备的家访提问大纲进行谈话，如针对幼儿的话题：孩子乳名、个性特点、生活习惯、健康状况、自理能力等。也可以围绕家长想知道的话题：幼儿园简介、幼儿园收费标准与方式、解决新生入园焦虑的方法等。通过双方有目的的交流沟通，家长提前做好了物质与心理上的准备，教师对每个孩子的特点也有了初步的了解。共性问题可以通过填写《新生入园登记表》了解，并用简洁、明了的方式快速记录；个性化的问题，教师则可以用文字进行简单记录，以便家访过后回忆、分析和总结。

原则三：要微笑。

家访时教师具有"双重身份"，既是孩子的老师，同时也是家长的朋友，应时刻保持柔和的目光、亲切的微笑。由于是初次见面，为了消除彼此之间的陌生感，可先围绕一些家长感兴趣的话题展开交流。然后，再以关心、委婉的语气愉快地与家长进一步深入地探讨，如幼儿园每天将会开展哪些活动，孩子该怎样独立进餐、如厕等等，如果能再发挥点幽默和风趣，说些老师和孩子之间有趣的故事，则能使气氛更加融洽、和谐和轻松。孩子和家长看到这样的老师一定会产生好感，并建立起初步的信任。

知识链接

新生家访如何给孩子留下个"好印象"？

新生家访是孩子们与教师的第一次见面。可别小看这"第一印象"，它可能瞬间让你变成一位"天使"，让孩子喜欢上你，开学后和你"和谐相处"；它也可能瞬间让你"沦落"为一个"可怕的人"，孩子看到你就莫名害怕，开学后天天哭闹，家长也会不放心。那如何让孩子尽快喜欢上你，给他们留下个"好印象"呢？

（1）在家访过程中，老师可以用牵牵小手、抱一抱、摸摸头等亲密的身体接触，让孩子对老师产生亲密感；也可以陪孩子一起玩他们喜爱的玩具，进入他们的世界；还可以聊他们喜欢的话题，如流行的动画片、好吃的食物等，缩短彼此的距离。

（2）共做一个游戏、共看一本书。家访过程中，老师结合新生家庭已有的资源条件，组织开展简单的游戏，如"猜猜藏在哪里"、"金锁、银锁"，或者和孩子一起看一本他喜欢的书等，都能有效拉近孩子和老师的距离。

（3）赠送一件礼物。家访时，教师先向孩子赠送自己亲手制作的一份精美、可爱的小礼物，可以消除教师和幼儿间的陌生感、距离感，让幼儿从一开始就接收到教师友好的信息，让孩子喜欢上老师。

（三）家访结束后的整理工作

1. 整理家访记录，形成家访小结

根据幼儿在家的表现，结合家访中了解掌握的资料，对幼儿进行分析评估，提出适宜的、个性化的教育措施，并把这些资料作为制定"班级计划"、"个案追踪"等计划的重要依据。这有助于教师在今后的工作中能做到有的放矢。

2. 延续沟通渠道，开放交流平台

利用现代科技手段，开设班级网络或飞信群、QQ群、微信群等，开辟"家长论坛"、"新生入园你问我答"等针对新生入园的版面，架设一座便捷、通畅且响应及时的沟通桥梁。

知识链接

新生家访还有两种较为特殊的情况：
插班生家访和新任教师家访

1. 插班生家访

"插班生家访"是教师对新加入或从其他园转学而来的幼儿进行的家访。"插班生"除了与班级中其他幼儿同龄以外，在生活习惯、知识经验、社会交往等方面会有一定的差别，由于孩子进入一个新的环境，势必会有适应新环境的过程。这需要老师与家长配合，共同帮助孩子度过入园适应期，因而"插班生"家访也就必不可少了。

"插班生家访"的过程可以参照新生家访，但"插班生家访"还有一些需要教师特别专注的地方。针对"插班生"，教师可以有意识地多询问孩子生活习惯及在以前幼儿园的生活、学习情况，详细了解孩子的爱好、特长之类的细节，对孩子的性格、特点做到心中有数。

"插班生家访"的好处表现在：

（1）通过"插班生家访"，可以告知家长幼儿园的情况，如作息时间、活动安排等，减轻家长和孩子的担心。可以让孩子入园时带上喜欢的玩具、图书，帮助孩子在进入新幼儿园后尽快找到属于自己熟悉世界中的东西，消除孩子的陌生感。

（2）通过"插班生家访"，与教师亲切接触后，孩子能感受到教师对自己的关注，对教师产生亲近感，有助于孩子尽快适应新的幼儿园生活。

（3）通过"插班生家访"，教师了解新生的具体情况，在开学进行介绍时，突出该幼儿的优点，使其增强自信，能在集体中发挥优势，更快融入集体。

2.新任教师家访

"新任教师家访"是指刚工作的新教师或班级中途更换教师，新任教师的上门家访。在日常工作中，会遇到因为教师个人原因（怀孕、生子、重病、离职等）或幼儿园工作安排需要调动工作岗位而导致班级教师更换的情况。对于新任教师，尤其是教师中途替换，无论对于幼儿还是家长都会有些担心或不适应，家长一般会担心新任教师没有经验，或将前后任教师进行比较。这就需要新任教师更加认真、细致地做好每一项衔接工作，以自己的认真、积极、专业精神赢得孩子的喜欢和家长的信任。切忌简单随意、严肃武断，更不能贪图方便不进行家访。

"新任教师家访"需要注意的是：

（1）新任教师应该通过网络或者新生家访对家长做一个简单、明了的自我介绍，表明自己的教育观念、教育孩子的经验和成果等，缩短家长和新任教师之间的距离，建立初步的信任。如果是班级中途更换教师，应该事先说明原因，避免家长不必要的猜测。

（2）新任教师接班前，要与前任教师认真做好交接工作，向班级另一位教师详细了解幼儿和家长的情况，制定详细的家访计划，再亲自上门了解班级中孩子们的身体情况、生活行为习惯、兴趣爱好、个性特点等。

（3）针对班级中个别"特殊"幼儿，和家长要做好细致的工作，制定有针对性的家访计划，取得家长的理解和认可，为今后顺利开展工作奠定良好基础。

 思考与练习

作为一名教师，新生家访工作最重要的是什么？请大家拿出纸、笔，写一写自己的观点，然后大家把所写的内容汇集起来，谈一谈对"新生家访"的认知与理解。

二、个别幼儿家访

案例分析2-2

开学后，老师经过一段时间的观察，发现班级中的丽丽有些"与众不同"。她性格内向，平时不愿意与班级其他孩子交往，生活自理能力和语言表达能力相比同龄孩子明显落后。于是，老师想通过"个别幼儿家访"，针对孩子开学以来的表现，向家长了解情况。经过与家长的进一步交流，了解到了丽丽其实有轻微口吃，平时不明显，只有在紧张的时候才会出现。家长也没有太在意，入园前也没有将这一情况反馈给老师。另外，因为年龄小，爷爷奶奶一手包办了，导致自理能力的确比较弱。爷爷奶奶年纪大了，孩子基本就和老人在一起，很少出去玩，自然也就较少接触陌生人。

分析： 与家长交流后发现，造成丽丽不愿与别人交往的原因可能是因为孩子从小生活在爷爷、奶奶的庇护下，上幼儿园后环境发生了变化，周围多了这么多陌生的人和事，丽丽难免会不习惯。再加上孩子本身就胆小，容易紧张，一紧张说话就不流畅，怕被小朋友们笑话，她就更不愿意开口了。

了解情况后，老师采取一系列有针对性的措施，和家长一起帮助丽丽减轻心理负担、树立自信。在班级里给予丽丽合适的机会表现其特长、担任老师的小助手等。终于，丽丽愿意开口了，也愿意在集体中发言了。家长在感激之余也深深感到家园联系的重要性。

为了让每个孩子都能在幼儿园阶段得到更好的发展，除了新生入园前对每位幼儿进行普遍家访外，日常还要与家长经常联系。开学后，教师要注重观察，将幼儿的日常行为表现记在心中，一旦发现个别幼儿某些方面需要引导、帮助，应与

概念扫描

"个别幼儿家访"是指对生理、心理、行为表现特殊的幼儿，或家庭教育存在问题的家长进行的有针对性的家访。教师主要是与家长共同分析孩子的情况，商讨下一阶段教育的对策。

家长及时沟通，对于情况严重的个别幼儿还要进行不定期家访。

"个别幼儿家访"的对象通常有这样几类：

（一）性格内向、不合群的幼儿

针对这类孩子，教师应提醒家长注意孩子的日常表现。一方面，要求家长在家耐心、正面地引导，鼓励孩子表达表现、建立起自信。另一方面，教师在幼儿园里经常与幼儿主动交谈，引导和鼓励其他小朋友经常和他说说话，多和他做好朋友。同时也可以安排一些力所能及的"任务"让这类孩子去完成，促使他们主动与人交往，帮助这些孩子尽快融入集体。

图2-2　对于内向的孩子，需要家长和老师更大耐心去引导、鼓励

（二）生活自理能力弱的幼儿

在我们的实际工作中，常常发现家长，尤其是祖辈在家十分溺爱孩子，代替孩子做了他们力所能及的事，致使孩子在幼儿园中的自理能力非常薄弱。对于这些孩子，需要通过家访取得所有家庭成员的配合，得到所有家庭成员的支持，让他们理解家园教育工作一致的重要性。从洗手、穿脱衣服、系鞋带、收放玩具等细节方面着手，在家中进行教育培养，使孩子逐步具备简单的生活自理能力。

（三）攻击性行为强的或有其他过激行为幼儿

通过观察发现，有些孩子会把"我妈妈说的，谁要招惹你，你就打他"之类的话挂在嘴边，反观这些孩子平时的表现，在班级中经常与其他孩子发生争执，甚至大打出手。有这些言行的孩子通常会影响班级正常的教育秩序，引发一些安全隐患，导致班级中其他孩子和家长的反感，因此，这样的孩子更需

图2-3　幼儿间的攻击性行为必须制止

要教师进行个别家访，仔细了解家庭教育的情况，查找原因，与家长耐心沟通，向家长宣传教育孩子的正确方法。其目的并不是责备家长，而是共同帮助孩子学习正确、合理的表达方式和交往办法，赢得大家的欢迎。

（四）突然发生变化的幼儿

图2-4　孩子情绪变化大要引起关注

在日常工作中，如果发现孩子最近发生明显变化，教师要引起关注。如：十分外向的孩子变得内向或心事重重，原先十分乖巧的孩子变得易怒、情绪不稳等。这些表面现象的背后一定有一个引发变化的诱因。教师通过家访，深入了解情况，有助于找到原因，找到症结所在，在第一时间化解矛盾，促进儿童身心健康成长。

（五）需要特别关心的幼儿

这种访问是因人因事进行的不定期的家访。如：对生病的孩子前去探望、给单亲家庭的孩子送去节日问候、发生了特别事件后的及时家访等。

"面向全体，因材施教"是教育的基本原则，而针对个别幼儿的家访，把工作做深做细，则是幼儿教育工作"爱心、细心、真心"的最好诠释。

 思考与练习

班中一名男孩名叫多多，父母工作繁忙，平时由外婆带。外婆对多多宠爱有加，满足他的所有要求。多多在幼儿园经常与其他孩子发生争执、争抢玩具等。今天，多多推倒并弄伤了同伴天天，天天的父母为此很不高兴。针对这一情况，请你设计一次针对多多的"个别幼儿家访"，并说说理由。

第二节　日常交流

 学习目标

● 了解日常交流的主要类型；
● 熟记日常交流需要注意的事项。

虽然新生家访为孩子进入幼儿园打下了良好的基础，但要赢得家长支持，让家长成为幼儿园教育的重要合作伙伴还需要依靠家园之间及时有效的沟通。那么，怎样的沟通交流才是有益、有效的呢？怎样的谈话才能真实反馈幼儿的情况？怎样的谈话能加强教师与家长之间的情感沟通，拉近教师与家长的心理距离？这些都是摆在幼儿园老师面前的课题。

要提高家园沟通的有效性，教师所要关注的方面是很多的，要加强对幼儿行为表现的观察，以便与家长交流时进行有针对性的沟通；也要注重交流的方式、方法，使教师与家长的沟通更加顺畅；还要不断总结和反思，改进有效沟通的策略。由于这些交流主要在日常工作中进行，所以我们将以教师的视角，从来离园常规接待、新生接待和问题式接待这三方面来阐述。

 来离园常规接待

（一）来园环节

幼儿来园时段是教师一天忙碌工作的开始，这时教师既要热情、主动、礼貌地接待随时到来的幼儿和家长，观察幼儿身体、情绪和精神面貌，还要组织已到的幼儿开展观察、值日、自主游戏或区域活动等。这么多的事情，教师能否分身有术，会不会顾此失彼呢？让我们一起来关注"来园环节"

图2-5 来园接待

中教师工作的六大策略，帮助教师积累经验、提升专业素养吧。

1. 有分工

为了使来园接待工作有序开展，更好地服务于幼儿、家长，有利于一日活动的有效开展，最好是两位教师共同担任来园接待工作：主班老师具体负责组织已到的幼儿开展活动（角色游戏、区域活动、其他自主活动等），观察指导幼儿，清点幼儿出勤情况，并做好记录。副班老师主要负责接待家长，及时与未到园幼儿的家长取得联系，了解原因（具体分工根据幼儿园的实际情况进行调整）。如果幼儿来园时只有一位老师，教师应该以带班为主，接待家长为辅。需要事先告知家长来园时自己的主要工作是带班，家长如有急事可以在家园之窗留言或者等教师空班的时候再打电话联系，然后教师可以根据事情的轻重缓急进行处理，不着急的等下午离园的时候再和家长进行沟通。

2. 早准备

来园接待因为事务较繁杂，要求教师提前到岗、专心工作、明确职责，做好充分的准备，以饱满的状态迎接新一天的工作。如：需要向家长反映和了解情况的谈话主题、值日生牌、幼儿来园开展活动的材料、所需搜集物品的安排等等。有心的老师还可以写一张备忘录，不仅帮助自己梳理思路，还能避免忙乱的时候遗忘了重要的事情。充分地做好准备工作，才能确保来园接待工作无疏漏、有质量。

3. 要细心

在来园接待的过程中，老师细心的检查和指导是非常重要的。它不仅是一日活动安全的基础保障，同时也会潜移默化地影响幼儿的思维和行为，让他们学会爱护自己并养成良好的行为习惯。如果教师发现或家长告知孩子今天有些不舒服，教师就能在一天中多加观察、细致照顾，如有异常就能及时发现、及时处理。做好特殊状况幼儿的生活观察与护理，避免不安全事件的发生，才能得到家长的信赖和感谢。

4. 有耐心

耐心是幼儿教师成功的法宝，在遇到挫折和受到阻碍的时候，最需要的就是耐心。来园接待同样也会有不顺心的事情发生，如：家长的不解或质疑、幼儿的哭闹和排斥……特别是新生入园时，这种情况比比皆是，这时最需要的就是耐心：让幼儿有情绪宣泄的时间，理解家长的焦虑并有针对性地进行指导。教师不厌其烦的安慰和疏导、耐心的呵护和解答，最终能化解困难和矛盾，赢得孩子的喜爱和家长的理解。

图2-6　新生入园

5. 多爱心

爱是幼儿教师必备的师德修养，有爱的教师会洋溢着热情与关怀。这样的爱不是喜欢，不是"小爱"（只爱个别孩子、只爱听话孩子），而应该是"大爱"（爱所有孩子、尤其是特殊孩子）。来园接待时，教师如果主动与每位幼儿交流，表现出爱与关心，其积极的行为会使幼儿产生积极的情感体验，使幼儿感受到温暖，从而对教师产生信任、喜欢老师并乐于上幼儿园。有的教师情感容易外显，喜形于色，在对待幼儿的态度上会有差异，导致孩子和家长感受到不平等。教师应该一视同仁、公平公正地对待每位幼儿，不能厚此薄彼，不能情绪化做事。要让每个孩子都能感受到教师对他的爱，而教师对孩子的爱也会让家长感觉得到，从而放心把孩子交到老师手中。

6. 有方法

教师在接待情绪不好的孩子时也应该有些"小窍门"、"小方法"，如抱一抱、温柔倾听、变个小魔术、做做小游戏、玩玩新玩具、一起看本书、唱唱跳跳等，分散孩子的注意力，引导孩子玩玩有趣的玩具、做做其他的事，使孩子渐渐忘记来园时的不开心，逐步适应集体的生活。

来园接待需要教师不断地总结经验，丰富自身的专业素养，这样才能有针对性地、从容地面对不同的幼儿和家长，机智处理好各种事情，给幼儿和自己绘出晴朗的天空，让幸福从这里出发。

（二）离园环节

1. 离园活动普遍存在的误区

离园活动是一个比较难组织的环节，孩子在离园前的情绪是一天中最兴奋的时候，这也是容易产生安全事故的时段。离园活动普遍存在着以下几种误区：

（1）无所事事的离园活动。即教师无心准备离园活动，只是让幼儿坐在椅子上，干等家长来接。这样的离园活动毫无生机，枯燥而又乏味，有的孩子觉得无聊而趁机打打闹闹，有的孩子来找老师告状反而导致班级一团糟，引起安全事故。这种机械的等待违背幼儿的天性，不利于孩子的健康成长。

（2）应付式的离园活动。即教师随意组织离园活动，例如：不管幼儿的年龄阶段和兴趣特点，散沙式地给幼儿发几本图书或几筐玩具。

（3）组织不合适的离园活动。教师安排的离园活动内容和形式都与该段时间不吻合，如离园时开展"户外活动"等，使得离园活动在户外进行，场面混乱，难以控制，许多不安全的隐患就会滋生。

"离园环节"是幼儿在园一日生活的最后环节，它不仅仅是幼儿告别老师、告别同伴、等待家长的环节，它更是幼儿园工作展示的窗口，在这一环节中隐含着幼儿生活技能的掌握、生活习惯的培养、人际交往的运用等诸多方面的内容，还有安全接送的要求等等。教师应该善始善终把离园活动安排好，并与班级保育员一起做好各项工作，常规离园活动要求如下：

表2-2　常规离园活动要求表

项目	时间	幼儿	教　师	保育员
离园活动	16：00—16：30	1. 愉快地参与离园各项活动，遵守活动规则，离园前把玩具、材料、椅子收放整齐。 2. 整理自己的仪表，带好自己的物品，不是自己的东西不拿。	1. 离园前，与幼儿进行简短谈话，回顾一天的生活。 2. 检查幼儿仪表是否整洁，提醒幼儿带好回家的衣服、玩具等物品。 3. 适当进行安全教育，如放学后不在外逗留，安全过马路等。 4. 有计划地组织、指导未离园幼儿的活动。 5. 有计划地向家长介绍幼儿在园情况，有针对性地向家长提出指导性建议，共同配合教育。 6. 有高度的责任感，将每一个幼儿安全地交到家长手中，严禁出现幼儿自己离班、离园、被陌生人接走的现象。有陌生人接幼儿时，请陌生人出示相关身份证明，并	1. 指导并帮助幼儿整理仪表。 2. 整理好幼儿的衣物。 3. 协助老师组织好幼儿的区域活动。 4. 下班前将室内外地面、楼梯彻

续表

项目	时间	幼儿	教师	保育员
		3. 主动向老师、小朋友及其他家长道别。 4. 不独自离开幼儿园，不跟陌生人走	亲自打电话得到家长确认、登记备案后，方可把幼儿接走。慎重对待有特殊家庭背景的幼儿。 7. 所有幼儿离园后，做好活动室物品、材料的整理，检查水、电、门窗是否关好	底清理干净，关好水、电和门窗。 5. 清洗茶杯，做好消毒准备

2. 安排离园活动的正确方式

都说"兴趣是幼儿最好的老师"。幼儿的兴趣点来源于对活动本身的吸引，孩子的专注度自然建立在兴趣的基础之上。根据孩子的心理需要，在安排离园活动时，教师可以参考以下几种方式：

（1）展示活动。让幼儿回忆并展示自己在集体活动中所学到的本领。也可以一起分享一部分幼儿的良好行为表现，鼓励大家互相学习，形成良好的班级学习氛围。

（2）区角活动。向幼儿开放班级的图书角、美工角、益智区等。美工角摆放一些工具和材料，幼儿可以根据材料，进行一些简单的制作活动，如：画画、捏泥等。图书角中的各种图书，幼儿可自由拿取阅读，培养幼儿按顺序一页一页翻阅图书的习惯。益智区投放飞行棋、走迷宫等让幼儿自主结伴分享游戏。同时，要求幼儿回家前，把自己

图2-7 幼儿作画

看过的书、玩过的物品整理好并放回原处，以培养幼儿整理东西的良好习惯。

（3）同伴合作式的规则游戏（适合中大班）。幼儿自由结伴，以桌面游戏为主进行。这些游戏既可以增长幼儿的游戏经验，更能让幼儿体验同伴间相互合作进行游戏的乐趣，学习如何正确地与同伴交往。可以开展的游戏主要有：接龙卡片（数字接龙、长短接龙、高矮接龙、数物接龙）；拼图游戏；锻炼应变能力的手口协调活动（数数击掌、手指游戏）。

（4）设立图书分享日和玩具分享日。日常鼓励幼儿把家里心仪的玩具、

图书带到班上，放在教室专门的区域。在离园前的活动中，幼儿可互相交换各自的物品进行分享。这样既能丰富活动内容，又能增进幼儿间的友情，也使幼儿体验到同伴之间分享、合作的乐趣，学会与人交往的技巧。

（5）进行个别教育和指导。当剩下的孩子不多时，教师可以坐下来和孩子们聊聊天。既贴近孩子，更多地了解孩子的事情和想法，又可以拉近师生之间的距离，建立彼此信任的感情。

离园活动是孩子整个一日活动的完美谢幕，这个谢幕是家长天天看到、孩子天天感受、老师天天经历的。合理地针对各个年龄段幼儿的特点以及本班的特色，组织有效活动，对于家园的良好互动和幼儿的和谐发展都有很大的正面影响。

当孩子们能安静、自主地活动时，教师就能站在门边，和家长从容地进行交流。这时候老师可以把孩子的一日表现和家长进行较详细的沟通，表扬表扬孩子、委婉告知孩子不合适的行为、客观地提出好的建议等等。

知识链接

智慧的老师

曾经有位很用心的老师，为了避免自己日常无意识地忽略少数孩子，就有计划地要求自己每天和不同的孩子谈心，每天和不同的家长重点交流。一学期下来，每位孩子每个家长基本上都沟通两次以上，不仅避免了日常交流的盲点，加强了对每个孩子和家庭的了解，还增进了与他们的感情，提升了自己的教育智慧。

 思考与练习

家长一来接，孩子就如鸟兽散，教室里开始嘈杂起来，教师努力地和每个孩子打招呼告别。丁丁的妈妈来接孩子了，教师清楚地记得丁丁是被人接走了，但是谁来接的却记不清了。教师让家长联系一下家里是否有其他人来接，果然是爸爸下班早就来接丁丁了，事先没和妈妈说过。

针对以上案例，分析教师在离园环节中的操作是否妥当。请你帮助她重新设计一次有序的离园活动。

二、新生接待

进入幼儿园是孩子走出家庭，进入集体生活的第一步，从熟悉、自由、宽松的家庭生活进入陌生的环境，归属感的缺失使他们觉得不安全，产生了入园焦虑，于是他们用发脾气、大声喊叫、哇哇哭闹等方式来表达自己的感觉。这就要求幼儿教师用自己的行为和感情带动刚入园的新生，给新生以安慰和鼓励，把幼儿园变成一个"快乐园"，让孩子在园里感受到安全和快乐，使他们情绪稳定。

新入园的孩子会有哪些表现？教师应该如何应对呢？

（一）新生入园表现及应对方法

1. 大哭大闹型

这一类型的孩子脾气比较暴躁，家里比较娇宠，会出现一些过激行为，如打人、咬人、在地上打滚，时不时地开门就要往外跑。

应对方法：这类孩子性格比较外向，他们喜欢把不高兴的情绪发泄出来。对这类孩子，教师可以分散其注意力，并主要以讲道理为主，让孩子认识到自己的错误。安慰并告诉他不开心可以和老师讲，不能用不恰当的方法表达。一旦他有进步，要及时表扬和肯定。

2. 默默流泪型

这类孩子比较内向，一般胆子较小，手上会时常拿着自己的随身物品。他们对环境的适应能力较弱，对陌生的环境怀着恐惧心理，遇到不高兴的事经常躲在一边默默流泪。

应对方法：对这类孩子，最关键的就是要消除他的恐惧心理。首先转移他的注意力，给他玩一些玩具，告诉他幼儿园可以认识新朋友，有很多好玩的东西，告诉他爸爸妈妈来接他的具体时间。其次，多抱抱孩子，让他感受到老师对他的关心，增强安全感。当说理、转移注意力都不起作用时，也可以给他们一些空间，留出"独处"的时间。组织集体活动时，在尊重他们意愿的前提下邀请他们共同参与，逐步消除他们对陌生环境的紧张情绪。

3. 后知后觉型

这类孩子好奇心重，在幼儿园看到很多新奇有趣的玩具而产生兴趣，一开始去幼儿园情绪都不错，不哭不闹，但是过了几天，当他熟悉了幼儿园的生活环境，知道自己要每天都这样时，就会意识到不如家里自由，开

始用大哭表示自己的不满。

应对方法：这类孩子怀有对新环境的向往心态，他们性格大多活泼开朗，喜欢新鲜的事物。教师可以满足他们的好奇心，多介绍在幼儿园里他还不知道的事物，比如带他去别的班级看看，告诉他哥哥姐姐们都在做什么；设计、组织一些有趣的游戏和活动；到活动室中去玩玩等。孩子看到新鲜的事物就会很快并且开心地融入集体活动中了。

4. 易受影响型

这类孩子在玩玩具或做其他事情的时候，情绪很稳定。但看到身边有其他孩子在哭，他也会马上受"传染"，立刻眼泪汪汪。这正是所谓的"羊群效应"。

应对方法：这类孩子容易受人影响，教师可以带他们出去走走，如去操场上玩耍，把他和爱哭的孩子分开，待他们心情平静一点儿后，再慢慢告诉他们：幼儿园里有许多好玩的东西，老师就像家里的人那样会照顾、帮助他，遇到困难或不开心的事情都可以来找老师帮忙。那些哭的小朋友只是一时不适应，我们可以一起去帮帮他。

了解了孩子们入园后的一系列不适表现之后，教师应该如何主动做好新生接待工作，帮助幼儿度过入园适应期呢？

（二）做好新生接待，家园配合共助幼儿度过适应期

1. 热情接待

新生入园前，教师应该尽可能多地了解幼儿的生活习惯、兴趣爱好、个性特点和家庭环境。同时，指导家长培养幼儿最基本的生活自理能力，如上厕所、进餐、穿衣服、有困难会表达等，提前按照幼儿园的作息时间调整幼儿的生活习惯（尤其是午餐和午睡），使幼儿的"生物钟"与幼儿园的作息时间逐步衔接。最后，告诉孩子幼儿园里一些好玩的事情，鼓励他长大了要上幼儿园了。

新生入园后，教师可以像家人那样称呼幼儿的小名、牵牵他的手、抱抱他，通过身体的接触使幼儿对教师产生好感。和孩子一起玩他们喜欢的玩具，谈他们感兴趣的话题，教师还应善于观察幼儿的情绪变化，

图2-8　拥抱让幼儿对教师产生亲切感

以便向家长反馈孩子在幼儿园的情况。

2. 让幼儿对教师产生依恋

在陌生的环境里，幼儿容易失去安全感，让幼儿对教师产生依恋，是形成安全感的好方法。那么，如何让幼儿从对父母的依恋转移到对教师的依恋，使幼儿更快适应幼儿园集体生活呢？

首先，教师要始终在幼儿身旁细心照料，让幼儿感到时时刻刻有老师陪伴，这样他们会感受到安全。幼儿早期触觉较为敏感，多与幼儿肌肤相亲，如摸摸他的头、牵牵他的手、抱抱他、和他说句悄悄话等，都让幼儿对教师产生深深的亲切感和依恋感。其次，要用温柔、亲切的语言劝导幼儿。孩子有哭闹行为，应和颜悦色地加以劝导，决不能用尖利的语言去恐吓孩子，这样会造成孩子对教师产生畏惧和不信任。再次，要满足孩子的合理要求，如喜欢玩什么玩具，喜欢和谁做朋友，安全的前提下喜欢做什么事等等，并在其活动中尽量能给予表扬和鼓励。孩子一旦受到激励，也会对教师产生信任和爱，逐渐对老师产生依恋。

3. 开展丰富有趣的活动，在"玩"中学

新入园的幼儿不习惯幼儿园的集体生活，喝水、吃饭、洗手、大小便、玩玩具不能像家里一样随心所欲，一切都要遵守规则。这对于以自我为中心的三岁左右孩子的来说，遵守这些"规则"是有困难的。老师不能迁就孩子不正当的要求，要适当地进行引导。可以根据幼儿的兴趣爱好，通过各种各样的活动和游戏，多开展丰富有趣的活动。可以组织他们户外活动，滑滑梯、玩皮球、钻山洞，还可以带着他们唱唱歌、跳跳舞、看看书讲讲故事等，既满足了孩子游戏的愿望，满足身心发展的要求，又可以转移幼儿想家、想父母的情绪，让幼儿在宽松、自由的氛围中愉快地生活和学习。

图2-9 开展丰富多彩的活动和游戏

4. 鼓励家长共同配合

幼儿园教育固然重要，但家庭教育也是必不可少的。作为教师要与家长进行沟通，与家长达成共识。教师可以根据家长的一些日常表现，有针对性地进行指导，避免一些不当的教养方式。

（1）满足型：家长觉得"愧疚"或认为拒绝孩子会伤害孩子，于是满足孩子的种种"无理"要求。如给孩子买各种小零食讨孩子欢心、带孩子去想去的地方玩、孩子的任何要求都一一满足等等。

正确做法：教师可以引导家长理解什么是好的教育，学会分辨孩子的要求是否合理。家长应该主动与孩子聊天、游戏、读书等，满足孩子的合理要求，达到高质量的陪伴；家长还应该拒绝孩子的"无理"要求，给孩子讲清楚道理，同时强调"今天宝贝在幼儿园表现很好，我们就可以……"以此来强化好的行为，激励孩子控制自己不合理的行为。

（2）紧问不舍型：放学了就拉着孩子的手，问这问那，"哭了没有，有没有人欺负你，中午吃的什么？想妈妈了吗？"

正确做法：针对这样的家长，教师应该明确地告诉他们，孩子是无意识短暂记忆，刚入园的孩子常常记不住"吃了什么"，"发生了什么"。最重要的是不能误导孩子，不要用负面的引导性语言。尽量用正面具体的提问，如"今天玩了什么有趣的玩具？认识了哪个新朋友？老师带你们做什么游戏了？"如果还想了解更具体的事情，可以和老师直接沟通。

（3）周末疯玩型：为了缓解孩子一周入园的焦虑，让孩子身心放松，家长在周末的时候就带孩子大玩特玩，而且都是消耗体力的剧烈活动。

正确做法：刚上幼儿园的孩子，生理上处于一个过渡时期，心理上也较为紧张。周末的过度放松与上幼儿园的紧张形成了鲜明的对比，难免会让孩子对上幼儿园更加产生抵触情绪。周末在家，可以仍旧按照平日的作息时间。带孩子参加适量活动，不故意提醒，也不刻意回避幼儿园的话题，一切顺其自然。

（4）哄着不哭型：为了减缓入园焦虑，全家人一起上阵哄着孩子不哭，给予承诺，觉得孩子不哭就是万事大吉。殊不知孩子需要情绪的宣泄，而哭泣正是有利于身心发展的利器。

正确做法：适当的哭泣可以减缓孩子的入园焦虑，所以在孩子哭的时候不是一

图2-10　哭泣是孩子宣泄情绪的方式

个劲地哄着他,也不是大声呵斥。正确的做法是轻轻拍着孩子的后背告诉他:"妈妈知道你不想离开妈妈,不过妈妈要上班,宝宝上幼儿园和小朋友玩,妈妈下了班一定会来接你。"

（5）**依依不舍型**：送孩子的时候比孩子还要纠结,搂着孩子说这说那,本来想安慰孩子,让孩子建立安全感的,结果反而增加了分离的难度。

图2-11 太过依依不舍会增加分离难度

正确做法：在送的过程中就和孩子多聊聊,等见到老师的时候,说几句话就可以离开了。不要把孩子放在某个游戏玩耍区域就偷偷地走掉,这容易让孩子有被丢弃的感觉。

（6）**家园不一型**：幼儿在园最初的一个月基本上都是生活自理能力的培养和日常常规的建立,如自主进餐、脱裤子小便、餐前洗手、吃完午餐把餐具归位等。但是孩子回到家里,还是家长包办代替,完全不配合幼儿园的做法。

正确做法：在家里也按照教师的要求去做,并且坚持,很快就能看到宝宝入园后变得越来越能干了。

 三、问题式接待

"问题式接待"是指在接待工作中,教师有目的、有计划地与家长探讨教师观察到的孩子在园生活中的一些情况,可以是孩子身上的亮点,也可能是孩子的不足之处。通过"问题"的提出,与家长交流讨论,找到原因,得到解决问题的答案,有利于促进孩子下一阶段的成长。

案例分析2-3

东东,男孩,三岁。父母工作都很忙,东东从小由奶奶照顾。奶奶对孙子可以说是无微不至,每天送孙子来园,都会不忘向老师夸奖孩子。在奶奶的眼中，孩子非常乖巧，没有缺点。但是东东在幼儿园里的自理能力很差，脾气倔强，并且不愿意参加集体活动。有一次放学奶奶来接的时候，教师想和奶奶交流一下，询问她孩子为什么性格那么孤僻，自理能力也很弱。奶奶一听教师这么评价自己的孙子，马上拉下脸来："你不要老讲我孙子的缺点，他还小呢，你们老师不喜欢他，怪不得他不喜欢来幼儿园。"教师一时语塞，不知如何将这个话题进行下去。

分析： 可见，该教师发现了孩子的问题想与家长沟通，但是因为忽略了对家长特点的认识和分析，采用一种不适宜的方法和语句，从而导致沟通陷入僵局。

图2-12 教师和家长交流要讲究策略

那么，作为教师应该采取何种适宜的交流方式，既能让家长接受，又能反映孩子的真实情况，让家长愿意与教师共同探讨解决"问题"的办法呢？以下一些策略可以让教师在实践中加以运用：

（一）一句话沟通

有些孩子本身在各个领域、各项发展中不存在明显问题，家长也非常配合幼儿园工作，针对这样的家长我们可以采取"一句话沟通法"，即在接送环节言简意赅地用一两句话向家长反映情况，如：今天××学会了什么，今天××吃了几碗饭；今天××自己午睡了等等，当你说完后，往往会看到家长会心的微笑。"一句话沟通法"适合用来表扬孩子的进步。

（二）灵活调整

对待教育方法不科学的家长，与他们沟通如同组织幼儿活动一样，需要教师用心设计。在沟通前，教师要认真梳理，明确沟通的目的，引导家长观察孩子的行为，找出沟通的切入点，交流过程中也要了解孩子在家中的表现，耐心倾听家长对这件事的看法等，然后再灵活调整对策。

（三）换位思考

假如孩子出现了问题，换位思考一下，"如果我是这位孩子的父母，心情会怎么样？"急别人所急，想别人所想，多一份宽容和理解，与家长有了"共情"往往容易赢得家长的心，在沟通时很多"问题"就会比较容易解决。

（四）专业指导

要与家长开展"问题"交流，教师必须善于学习专业理论知识、专业技能，要让家长意识到幼儿成长中遇到的"问题"，并指导家长改善育儿行为、提高家长科学育儿水平，在诚心诚意的引领和指导中，成为家长的良师益友。

相信教师用真诚的心、积极的态度、专业的素养来对待每一天的日常接待，做好与家长们的沟通，最终会打动家长们的心，赢得家长们的尊重。

 思考与练习

和同伴表演以下家长向老师反映情况的情景，思考教师应该如何应对。

家长："老师，你们幼儿园怎么回事，午饭都吃些什么呀？每天放学时孩子都嚷嚷肚子饿，我只好来接他的时候带一些他喜欢吃的点心，你看他每次都是一副饿坏了的样子。"

老师："……"

第三节　约谈

学习目标

- 掌握约谈的注意事项；
- 积累约谈的谈话技巧。

　　本小节我们将结合案例，介绍幼儿园中运用的创新家园沟通的形式——"约谈"。当我们遇到孩子产生了特别问题，需要"约谈"家长时，应该有计划地安排与家长的会面，针对幼儿特点进行有效交流，以获得良好的教育效果。

案例分析2-4

　　时间：20××年11月5日。

　　约谈人：吴老师。

　　被约谈人：贝贝的妈妈。

　　目的：解决贝贝在园注意力不集中、有暴力行为的问题。

　　贝贝6岁，是个机灵、好动的小男孩，对数学、游戏类活动感兴趣，活动中比较强势，常以自我为中心，喜欢独占不愿意分享。最近除了他感兴趣的数学和游戏活动外，参加其他活动时都容易分心，还经常影响周围的小朋友。自由活动时贝贝经常和其他幼儿发生争抢、争执甚至推搡。老师批评他时，他一副满不在乎的表情。贝贝主要由爸爸接送，老师曾与爸爸在接送孩子时进行过几次短暂交谈，但孩子爸爸脾气暴躁，对孩子非常严厉，只要一听说孩子调皮，就作势要打，贝贝表现出害怕爸爸的神情。因此老师决定约贝贝妈妈抽空谈谈。

约谈内容要点：

1. 老师婉转地向贝贝妈妈反映孩子最近在园的表现，尽量用客观的语言描述。

2. 向家长询问孩子在家情况，帮助家长分析原因，进行相关指导。

妈妈的声音：

贝贝在家很听话，不打扰别人，自己玩过玩具也会收拾，爸爸比较重视孩子的智力发育，买了许多开发智力的书，贝贝平时喜欢做这些书上的题目。贝贝是独生子，亲戚家同龄的孩子很少，所以除了幼儿园没有机会接触到其他同年龄的孩子。虽然贝贝平时在家很乖，但到了爷爷或外婆家就像换了一个人：兴奋、调皮、任性，把玩具撒得到处都是。他爸爸从小对他比较严厉，脾气又急，孩子稍一有错就要打骂，孩子害怕爸爸；我对孩子比较亲切，但带得不多，对孩子教育也大多是说说道理，因此孩子现在不大愿意和我们交谈，而愿意和外婆说话，大概因为小时候外婆带得比较多，而且外婆对孩子比较耐心，也比较娇纵。

分析：家庭成员教育方式不一致会造成孩子的不同表现。其实贝贝知道什么是该做什么是不该做的，但是内心没有安全感，不能控制自己的行为。孩子更愿意和外婆说话，说明贝贝的父母陪伴他、倾听他的时间不够、方法不对。而经常受到打骂的孩子会模仿这一行为，即到幼儿园表现出攻击性行为，这非常不利于孩子的发展。

通过具体事件的交流，老师与家长加深了理解，特别是双方都能更加全面地了解孩子的特点和行为习惯，弄清了孩子外在表现的深层原因。这样既有利于老师对幼儿实施有的放矢的教育，又对家长的家庭教育有着积极的指导作用。最后家园双方还共同制订了今后教育贝贝的具体方案。

"约谈"是教师与家长经常使用的沟通方式之一。约，指的是交谈之前，教师与家长要进行预约。如果有了提前的预约，那么不论是家长还是教师，都会有一个提前准备的过程。教师与家长之间预约访谈，是有目的、有准备、有计划进行的谈话。约谈前，教师与家长双方都做了一些准备；交谈中，通常教

概念扫描

师简要、全面地汇报孩子这段时期在园里的表现，谈孩子的进步和优点，展示孩子的作品，并客观描述孩子的不良表现，提出需要注意和改进的地方，听取家长的想法。家长也要谈谈孩子在家里的情况，入园后或近来的变化与进步，存在的问题以及对孩子发展的期望。双方共商下一阶段具体的教育目标与措施，以便共同有效地促进孩子的发展。每次约谈的主题与内容可就孩子的不同而有针对性地进行。

由此可见，与家长约谈是教师与家长沟通的一种重要方式，它是我们家园合作中必不可少的一个环节。但要做到有效的约谈，需要注意以下几点：

一、 确定约谈的"问题"

约谈的"问题"该如何来确定？应该依据专业知识来判断。判断孩子的"问题"行为是不是真的"问题"，不是教师主观臆断或猜测的。因此，教师要加强自我学习，努力提高自身的教育修养。针对孩子的一些"特殊"情况，查阅相关资料、咨询专家或园领导。增加"判断"的准确性，寻找科学方式，设计解决方案。在与家长沟通时，可以推荐这些相关资料，让家长一起参与学习。高质量的幼儿教育应该是教师与家长教育的有机结合、密切合作。

二、 约谈的方式

（一）谈话时间选择原则：保证有充分的沟通时间

教师在与家长沟通之前，应先预计所需沟通的时间长短，从而来安排谈话的时间。预计谈话的内容比较简单的，能在短时间表达清楚的事件，可以选择适合的时间直接通过电话简单交流。当然，面对面的交流是最好的，因此，可以将谈话时间安排在离园后，家长下班来接的时候。交流的内容相当重要，预计时间比较长的，可以安排在双方都较为方便的时候，以便大家能充分地沟通。

（二）场地选择原则：保证安静的交流空间与私密性

约谈涉及的是个别孩子的个别问题，具有一定的私密性，没必要在大庭广众之下让其他家长都知道。所以，交谈的地点可以选择在教室里，避开其他家长都在场的时候，也可以安排一次个别家访。但不管是家访还是家长来学校，教师都要注意保护孩子的隐私，不把孩子的情况告诉别人。教师要能转换角色，把自己当作这个家庭的朋友，平等、诚恳地与家长交换意见。

（三）孩子是否在场要视具体情况来定

孩子到底要不要在场，这需要教师视具体情况来定，也可征求家长的意见。为了保证交流的效果，避免一些孩子在场带来的干扰，可以选择不让孩子参与；如果讨论的是关于孩子的敏感话题，为了避免成人的谈话影响孩子的情绪，使孩子产生畏惧或不良情绪，也可以让孩子暂时回避。但不是所有的交流

图2-13　孩子是否在场视具体情况来定

孩子都要回避。在教师和家长讨论一些孩子的行为话题时，孩子可以在场，并一同参与讨论，反而能起到事半功倍的效果。教师和家长可以问问孩子：为什么会这样做？当时是怎样想的？这样做究竟好不好？充分尊重孩子，听听他的想法。这样平等的对话，更利于孩子思考自己的行为，改善他的一些不当行为。

孩子在场的交流切忌变成教师的"控诉大会"，或家长和教师一起批判孩子的"训话"，这会让孩子有无助感，继而产生不良情绪，还有可能产生抵触情绪，造成逆反，反而达不到应有的效果。

 ### 约谈中的谈话技巧

在约谈过程中，语言的表达要讲究技巧和艺术，这样才能有效地接待不同类型的家长。孩子来自不同的家庭，每位家长的文化水平、教育方法、个性素质不同，对幼儿园教育的配合程度和理解自然存在很大的差异性，这就要求我们接待不同类型的家长时必须讲究交流的技巧和艺术。

（一）做好准备工作

要及早和家长预约谈话的时间、地点与内容，征得家长的同意。在约谈前，教师要汇集、整理孩子各方面发展情况的材料，进行分析，提取有用的事例。

（二）先要肯定孩子的进步和提高，而不是只盯着孩子的缺点和不足

在谈到孩子在园的"问题"行为时，要以客观的态度，不保留、不言过其实，将事情的原貌清清楚楚、原原本本地讲述，不能凭主观态度评判孩子的行为是非好坏。在提到孩子的缺点时，要特别注意不要用"迟钝、倔强、不听话、能力差、发育迟缓"等字眼来形容孩子，以免家长听了不舒服。要让家长感到教师的真诚和对孩子的爱护。

（三）以平等的身份与家长交谈

认可家长的育儿理念是建立平等谈话的第一步，教师切勿以专家自居，采取居高临下的态度教训家长。千万不要发号施令似的总是说"必须、应该、否则就会……"更不能责怪家长。要尊重家长，虚心倾听家长在家中的一些教育方法，对合理的予以肯定，对不合适的诚恳提出改进方法。提出共同促进孩子发展的措施时，宜采用商量和建议的口吻，征求家长的意见，也鼓励家长想出更好的办法。

（四）避免使用专用术语

采用日常使用的语言与家长交谈，才能贴近家长的理解，引起共鸣。太多的专业术语会让家长不理解，更不知道该怎么做。在介绍孩子的发展情况时，不要说得过于笼统，而要具体一些，举一些鲜活的事例进行说明。同样，给予家长建议时也要尽量多一些可操作的方法，避免就事论事、只会说不会做。

总之，教师只要怀着一颗爱孩子的心，真诚地与家长沟通，注重谈话的技巧，尽力取得家长的理解与配合，教育就能起到事半功倍的效果了。

知识链接

调查研究中的"家长个别访谈"

调查研究中的个别访谈一般是指调查者单独与被调查对象进行的访谈

活动。在幼儿园的家长工作方面，如何运用好"家长个别访谈"这种形式，进一步做好家园互动工作呢？我们不妨来探讨以下几个问题：

1. 调查研究中的家长个别访谈是针对"个别"家长的访谈吗？

答案是否定的。教师所要访谈的对象是所有的家长，"一对一"只是一种谈话形式，它方便教师与家长交流并记录谈话内容。它与针对个别幼儿家长开展的"约谈"还是有所区别的。"访谈"更注重探讨教育工作中的普遍问题。

2. 调查研究中的家长个别访谈结构有哪些？

（1）封闭型访谈。教师起主导作用，按照自己事先设计好了的访谈内容访谈家长，具有固定结构的统一问卷。

（2）开放型访谈。没有固定的访谈问题，教师鼓励家长用自己的语言表达自己的看法。

（3）半开放型访谈。教师与家长访谈时，有一条探讨"主线"，有粗线条的访谈提纲；但同时也允许家长积极参与。一般而言，调查研究中的家长个别访谈调查多为半开放型访谈。

3. 调查研究中的家长个别访谈需要哪些准备？

重点一：确定访谈的时间和地点。尽量以家长方便为主。

重点二：预先了解访谈内容。一般来说，教师在开始访谈之前就应该向家长介绍自己此次访谈的目的和大致内容，得到对方的理解和认可。

重点三：设计访谈提纲。访谈提纲应粗线条，列出教师认为在访谈中应了解和询问的主要问题及应覆盖的内容范围。

重点四：确定访谈记录的方式。访谈的目的特别强调捕捉家长自己的语言，因此，家长的谈话最好能一字不漏地被记录下来。如果可能，教师应尽量将访谈过程现场录音或录像。如果条件不允许的话，教师也可以对访谈内容进行详细的笔录。

4. 调查研究中的家长个别访谈提问如何设计？

一般而言，访谈时的问题要开放、具体和清晰。在提问时要注意以下几个问题：

（1）注意提问问题的顺序。一般应该从非指导性的问题开始问起，使家长从开放型结构逐步过渡到半开放型结构，一步步对关注问题进行聚焦。

（2）访谈的问题应由浅（开放、简单）入深（加大难度和复杂性），由简入繁。

（3）访谈提问时注意问题间的过渡。问题间的过渡应尽量自然、流畅。比如我们向一位家长了解其家庭教育状况时，这个母亲对自己的丈夫有所不满，可能在谈论自己孩子教育问题时，便忍不住抱怨起自己的丈夫完全不管孩子的教育，甚至对家庭也置若罔闻，家中什么事情都是自己完成，这时你希望转换话题到预期的方向，可用过渡性问题自然达成话题转换的结果。比如，你可说："是啊，你看你的丈夫完全不管孩子。你自己一个人还是把孩子管得不错呢，你是如何做的呢？"在正在谈论的话题与希望其转换回去的话题间建立一个联系，这样才会显得自然，不会使访谈对象感觉突兀，影响访谈的进程。

5.调查研究中的家长个别访谈过程中如何回应？

在访谈过程中，有的时候使用一些回应方式，会让访谈进行得更加顺利或者增加访谈的效果。一般来说，比较有效的回应方式如下：

（1）表示认可（言语和非言语两种方式）。

（2）重复、重组和总结。

（3）表示同感。

（4）鼓励对方。

6.调查研究中的家长个别访谈的注意事项

无论访谈中遇到什么样的家长，也无论访谈中遇到何种状况，教师均应避免以下两种回应方式：

（1）论说型回应：教师在访谈过程中自己充当谈话的人，家长说到自己感兴趣或自己有感受的话题就进行长篇大论的回应，完全忘记了访谈的目的是要让家长打开"话匣子"，而非自己充当论说者。

（2）评价型回应：即教师的谈话过程中，对家长所说的内容进行评价。

7.调查研究中的家长个别访谈如何结束？

访谈应在良好的氛围中结束。应尽量轻松、自然地结束。

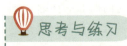 思考与练习

请针对班级中某幼儿经常来园迟到的现象，与家长进行"约谈"。

第四节　家长会

学习目标

- 了解家长会的类型；
- 熟悉召开各类家长会的流程。

案例分析2-5

开学了，幼儿园又到开家长会的时候了。家长们早早来到幼儿园，希望了解到更多的信息。那么，家长们对家长会是怎么看的呢？

问：你喜欢到幼儿园开家长会吗？希望了解哪些内容？

家长A：我们想听老师介绍幼儿园的活动安排和孩子的情况，特别是孩子上幼儿园以后有没有适应幼儿园的生活，他们在幼儿园到底好不好。

家长B：喜欢听老师介绍孩子的情况，觉得老师对每一个孩子都非常了解，让我们家长也很放心。

家长C：孩子还有一年就要上小学了，我们想知道在幼儿园的最后一年，我们要做些什么。

家长D：每个学期的家长会内容都差不多，家长会流于形式，没什么意思。

家长E：一般都是老师主持，家长就在下面听老师说。我们就像是"听众"，恭恭敬敬地听老师"训话"。

分析：从上面的案例中我们可以看到，家长会长期以来一直是幼儿园开展家长工作的一种重要形式和途径。一般来说，幼儿园召开家长会的目的主要是让家长了解幼儿园的教育理念和教育动向，了解班级的教育活动和自己孩子各方面的发展及表现，取得家长对幼儿园工作的支持与配合，加强教师与家长之间的联系和沟通，有助于幼儿身心各方面的健康成长。但家长们对于家长会的态度和需求各有不同。

接下来，让我们先了解一下幼儿园的"家长会"到底有哪些类型吧。

一　家长会的分类

（一）常规家长会

在幼儿园中，有很多不同类型的家长会，其中比较常规的家长会主要是：全园家长会、年级家长会、班级家长会和新生家长会。

1. 全园家长会

全园家长会即幼儿园统一组织并召开的家长会，一般主持会议的是幼儿园的园长或相关领导。主要用于幼儿园开园、庆典、创建新级别等涉及全园发展的大型活动，或相关规则的解释等。

2. 年级家长会

年级家长会即将一个年级的家长全部集中在一起，由园领导或年级组长主持的会议。一般会针对本年级中幼儿家长关心的、重要的事情进行统一说明。如：大班的幼小衔接家长会，教师会针对这一年龄段孩子的特点和相关文件要求，告诉家长大班的孩子应该如何进行幼小衔接，幼儿园将开展哪些工作，家长该如何配合等等。

3. 班级家长会

班级家长会即以班级为单位，各班根据幼儿所处的年龄特点及活动需要召开的家长会。不同年龄段的班级家长会应该有不同的侧重点和召开形式，根据需要可以放在学期初、学期中和学期末来进行，其常规内容主要有：

（1）对幼儿的基本情况进行分析。包括：班级幼儿人数情况，班级教师情况；上学期幼儿各方面发展情况分析；班级中存在的一些问题等。

（2）重点阐述新学期教学工作任务。包括：各领域教育目标；本学期将开展的主题活动和园里重大活动。

（3）对家长的要求。即需要家长配合的地方。

（4）教师与家长、家长与家长之间交流育儿经验。这个一般放到家长会即将结束的最后一个环节进行，可以自由些、有针对性些。

4. 新生家长会

新生家长会是针对新入园的新生家长而召开的家长会，主要对象是托班、小班或其他年龄段插班的幼儿家长，其内容包括：幼儿园情况介绍，班级教师介绍，孩子在入园后会产生的一些情况，家长该如何看待，家园指导与配合等。可以把新生家长先集中在一起，由园长介绍幼儿园及各班

图2-14 新生家长会

教师的情况，幼儿入园后的问题和要求，然后再分散到各个班级，由各班教师召开班级家长会。

（二）其他类型的家长会

1. 主题式家长会

主题家长会即教师根据自己班级的情况召开的有针对性的、有明确主题的家长会。如：小班孩子在交往中容易出现问题，教师可召开"如何引导孩子学会交往"的主题家长会，教师和家长共同探讨如何帮助孩子交往的好方法。又如：大班组根据本年龄段幼儿的特点，召开"如何为孩子入小学做好准备"的主题家长会，教师们以一个个实例，在与家长的互动中使家长了解到如何做好孩子的幼小衔接。

2. 分类家长会

分类家长会即针对特定人群而召开的家长会。如：幼儿园每年都会为孩子们测量身高、体重而进行体检，并以此来评估孩子的生长发育情况。针对体检出来的肥胖儿童、超重儿童或是体重、身高未达标的体弱儿童，幼儿园的保健教师就会根据情况召开"体弱儿家长会"，对那些超标或未达标的儿童家长进行有针对性的指导。又如：针对特殊幼儿召开的家长会，邀请相关专家一起参与等等。

二、家长会的组织与开展

家长会要有计划、有准备地进行。每个学期开几次家长会，每次家长会的主要内容是什么，幼儿园的总计划中应有合理的安排。同时，每个班还可以根据自己的实际情况来确定。家长会的准备工作不仅仅是发通知给家长，教师还需要做许多准备工作，例如：事先了解大多数家长的意见或关心的问题，准备好本班幼儿的作品或近期正在开展的活动、相关照片或视频，以便展示给家长看等。

以下将呈现小、中、大三个年龄段的班级家长会指导意见和一份详细的中班家长会计划，从中学习家长会是如何组织与开展的。

案例 2-1

幼儿园小班家长会指导意见（学期初）

目标

让家长充分了解孩子入园以来的适应情况，使家长安心、放心；同时了解幼儿在园的活动内容、小班幼儿发展目标及学习方式等，希望家长在下一阶段能继续积极配合幼儿园，共同促进孩子的健康成长。

准备

1. 幼儿入园一周的照片或视频（可以根据幼儿一日生活的各个环节来拍，尽量拍到全班每个幼儿）

2. 教师事先认真学习过《3—6岁儿童学习与发展指南》和《上海学前教育课程指南》中关于小班幼儿的相关内容，并制作成PPT。

过程

一、幼儿入园一星期的表现介绍

教师播放孩子入园以来的照片或视频给家长看，让家长看到幼儿一日生活的各个环节，感受到孩子的进步。教师的介绍要以肯定和鼓励为主，不要播放孩子哭闹过度的内容，以免引发家长的焦虑和不安。

二、幼儿在园一日活动介绍

教师按作息安排表向家长介绍幼儿园的一日活动：活动名称、活动的主要内容等。多介绍幼儿园的餐点和生活保育（洗手、如厕、午睡等），以及在各个环节中保教人员如何互相配合、在室内外照顾孩子的情况等等。

三、幼儿园小班的培养目标

教师向家长介绍幼儿园小班幼儿的学习与发展目标、典型表现和相应的教育建议等。不需逐条解释，可以根据班级幼儿的具体情况，有侧重地进行介绍。

四、.幼儿园的学习

1. 介绍幼儿园学习与学校学习的最重要区别——在游戏中学习。教师可以举例说明角色游戏培养幼儿的文明礼貌行为、合作意识等，以使家长详细了解。

2. 根据自身实际进行的学前教育课程，介绍是按主题还是别的方式进行教学。举例某一主题，让家长具体了解如何按主题教学，集体学习、个别化学习、环境创设都围绕主题开展。

五、需要家长配合的方面

1. 多和幼儿说说幼儿园里开心的事，不要总是问"谁欺负你了"、"老师是不是喜欢你"、"你在幼儿园想妈妈吗"等让幼儿增加焦虑的话。

2. 在开展教学中可能需要家长幼儿一起收集学习资料，提示家长共同收集也是陪伴孩子学习成长的过程，能更好地了解幼儿的学习情况，支持幼儿学习习惯养成，对幼儿进行相应的教育。

3. 幼儿之间可能会因为不适应集体生活产生一些小摩擦，尤其是一些语言发展能力较慢的幼儿，因为不会说就容易动手。老师会尽量全面观察，发现问题及时解决，如果发生类似情况希望家长之间要互相忍让谅解。

六、在保健方面需要家长配合的问题（可由保育员和保健老师共同参与）

新小班幼儿家长特别关注孩子生活保育及健康方面的问题，可根据幼儿园或班级的实际情况来进行介绍，如：来园洗手、晨检、服药的要求，午睡及孩子衣物准备的要求，预防传染病需要注意的事项等。

七、.听取家长建议、个别交流

预留提问时间，教师回答家长的问题，听取家长的意见和建议，还可以之后进行个别交流。

贴心提示

　　由于新班幼儿刚刚离开家庭，父母对幼儿在园的各种活动又不了解，一些家长上班时往往不能安心工作，常常焦虑于自己的孩子有没有水喝，上厕所有没有人帮助，吃饭的时候能不能吃饱，觉能不能睡好……这些生活中的小问题常常困扰着家长。为了让家长安心工作，在新生入园不久（一周左右）班级就应该及时地召开家长会，可拍些幼儿活动的正面照片和视频在会上进行播放，让家长了解幼儿在园一日生活的流程和老师帮助的内容。同时，还需重点进行新入园幼儿心理状况分析。新入园幼儿，由于环境的改变会产生入园焦虑，教师要对这一情况进行分析，让家长消除幼儿入园带来的焦虑心理，引导家长正确看待并积极配合教师工作，帮助幼儿尽快适应新环境。

案例 2-2

幼儿园中班家长会指导意见（学期初）

目标

　　让家长了解中班幼儿的学习与发展目标、典型表现和学习方式等，向家长提出相应的教育建议，让家长能更多关注到孩子的学习品质，共同促进孩子的健康成长。

准备

　　1. 教师事先认真学习过《3—6岁儿童学习与发展指南》和《上海学前教育课程指南》中关于中班幼儿的相关内容，并制作成PPT。

　　2. 中班第一学期的学期计划（包括情况分析、措施、目标和内容等）、主题策划、每月大活动等。

过程

一、幼儿园中班的培养目标

　　教师向家长介绍幼儿园中班幼儿的学习与发展目标、典型表现和相应的教育建议等。根据班级幼儿的具体情况，有侧重地进行介绍。要让家长意识到中班幼儿不能只关注生活保育方面，而更应该关注孩子的学习品质的培养等。

二、班级学期计划介绍

介绍班级基本情况，分析孩子发展的优势与不足，介绍重点培养目标，拟采取的措施等。教师可以具体举例说明优势所在，让家长有信心；不足的地方也要讲述，但不要以个别孩子为例。重要的是引起全体家长的注意以便共同配合幼儿园进行教育。

三、班级主题介绍

介绍一学期中计划进行的主题，以第一个主题为例重点介绍。让家长具体了解如何按主题教学，开展集体学习、个别化学习、环境创设等，引导家长积极支持孩子的学习。

四、需要家长配合的方面

1. 多和孩子说说幼儿园里学习和交往的事，对幼儿进行正面引导。鼓励孩子积极参与活动、大胆表达、和朋友一起玩等。

2. 介绍每月的大活动，鼓励家长积极参与或给与孩子充分的支持。

3. 中班幼儿开始有了较为亲密的朋友，但在与朋友交往的过程中往往会产生一些小矛盾，尤其是那些内向被动和攻击性较强的幼儿，因为交往方式不正确或者不会表达而易发生摩擦。老师会尽量全面观察，发现问题及时解决，也希望家长能理解并谅解，同时教给自己的孩子合适的交往方式。

五、征求家长意见，让活动开展得更精彩

六、个别交流与家长个别交流，解答家长的问题

 贴心提示

中班孩子在学习与交往方面开始出现了较为明显的不同，要照顾到家长的自尊，不要当着众多家长的面说孩子的不是，可以留较多的时间进行个别交流。日常也要注意对发展较为特殊的孩子多一些关注，与他们的家长（尤其是孩子的父母）加强联系，不要仅仅依靠为数较少的家长会或每天来离园时间的短暂交流。

案例 2-3

幼儿园大班个别家长会指导意见（学期末）

目标

让家长了解大班孩子的发展目标，合理分析孩子的发展状况，向家长提出相应的教育建议，鼓励家长今后帮助孩子获得更全面和谐的成长。

准备

1. 教师事先对照《3—6岁儿童学习与发展指南》和《上海学前教育课程指南》中关于大班幼儿的培养目标，对班级所有孩子的发展情况进行分析，梳理合适的教育建议，达成一致。

2. 将每位幼儿的作品分类整理好。

3. 同家长进行预约，利用每天中午或者下班后两位老师共同空余的时间进行，和每位家长至少约谈十分钟。

过程

一、回顾幼儿园大班的培养目标、介绍班级幼儿总体发展情况

教师帮助家长一起回顾大班幼儿的学习与发展目标、典型表现等，介绍班级幼儿的总体发展情况。

二、具体分析、提出建议

对照班级大多数幼儿的发展情况，一条一条介绍这个孩子的具体发展，分析孩子的作品，肯定孩子的优势和进步的地方。同时指出发展不足的地方，听取家长意见，和家长一起分析原因，提出更好的建议，共同找出合适的方法对孩子进行指导和帮助。

三、听取意见

听取家长的建议，不断改进工作。

四、结束约谈

感谢家长多年来的信任与支持，衷心祝愿孩子今后成长得更加健康。

 **贴心提示**

　　个别家长会最好是两位教师一起参加，这样对孩子的发展评价将更加全面。也应鼓励孩子父母共同来参与，这样今后的教育效果会更好。由于个别家长会很有针对性，因此深受家长欢迎。它对教师的专业水平要求较高，教师事先需要做好充分的准备，不仅要熟悉孩子的发展情况，而且还要能对孩子进行合适的判断与合理的建议。这样的沟通能大大促进教师的专业成长，但需要教师花费更多的时间和精力，园领导应该给予大力支持和帮助。

案例 2-4

××幼儿园20××学年度第一学期中×班家长会计划

教师：××、×××

时间

20××年9月5日。

目标

1. 介绍本学期班级计划和将要开展的一系列活动。

2. 了解家长对班级工作的建议，达成共识，真正做到家园共育。

准备

1. 制定好本学期班级计划、月计划、主题策划等。

2. 提前一周发放通知，让每位幼儿的家长了解召开家长会的时间，做好安排。

过程

一、介绍班级成员

介绍班级新教师和新同学。

二、班级情况分析

本学期我班共有幼儿××名，其中男生××名，女生××名。有一名新插班生××。

1. 优势表现：

班级大部分幼儿都是从小班升上来的，所以幼儿与老师之间、家长与老师之间非常融洽。在生活方面，大部分幼儿饭后能将碗筷摆放好，养成了饭前洗手，饭后擦嘴、漱口的好习惯；午睡时乐意自己穿脱衣物，并积极帮助同伴。在运动方面，幼儿运动的兴趣非常浓厚，在老师的鼓励下敢于尝试新的器械及游戏内容，掌握一些基本的运动技能，如：走、跑、跳、钻爬、平衡。在学习方面，孩子们特别喜欢提问、喜欢观察周围环境的变化，在老师的引导下积极地参加集体活动；对艺术活动较感兴趣，尝试用肢体、歌声、节奏、不同绘画材料及工具表达自己的想法，特别是通过长期的阅读培养，大部分孩子都喜欢阅读。在游戏方面，孩子们乐于主动与同伴交往，喜欢参与集体游戏。

2. 薄弱环节及分析：

（1）午餐时，有部分幼儿还不愿意主动进餐，主要是由于这些幼儿在家中是大人喂饭，所以孩子自身主动性不强，依赖性较大，还有的孩子喜欢将饭长时间含在口中，吞咽饭菜的方法不正确。

（2）班中的孩子在平时的生活、运动或游戏中，乐于大胆去尝试，但对危险信号、动作等不能做出及时的安全反应，缺乏自我保护意识；有些孩子在集体活动中不能很好地倾听别人表达，孩子的倾听习惯还存在比较明显的个体差异。主要原因是对幼儿安全意识和倾听习惯的培养不够。

3. 家长情况：

本班幼儿父母大部分是××，受教育程度高。他们经常会主动阅读教育孩子的书籍，并有自己的见解。在班级开展主题活动时，家长都能积极地给予支持与配合。但由于父母工作繁忙，没有更多的时间陪伴孩子，日常孩子的教养主要是老人负责。祖辈和父辈在教育子女方面沟通不够，不能及时达成共识。所以在日常活动中需要家长配合的事宜会出

图2-15　很多家长对育儿有自己的见解

现一些断层。希望父母能主动和祖辈沟通，真正做到家园一致共同教育，让每位幼儿得到健康、快乐的成长。

三、学期目标介绍

1. 尝试使用筷子进餐，能在老师的鼓励下按时吃完自己的一份饭菜。

2. 了解自己的身体和年龄变化，能对危险的标志与信号及时做出反应。

3. 相信自己，对自己所做的事情表现出自信。

4. 喜欢、尊重老师、父母及长辈。

5. 理解日常生活、游戏等活动中的规则，并能主动遵守。

6. 亲近自然，能运用简单的观察方法感知自然物和自然现象。

7. 通过尝试、模仿与练习，让动作轻松、自然、协调。

8. 在日常生活、集体活动中学习并识别数字，初步理解颜色、数量、重量、时间的概念。

9. 在阅读中，初步理解并感受其表达的内容。

10. 能注意倾听、理解他人说话的意思，积极表达自己的愿望。

11. 帮助每个家庭达成良好的教育共识。

12. 愿意尝试使用各种材料、工具和方法，进行拼装、制作和绘画。

13. 在游戏中愿意用动作、歌声、语言等表现所理解的事物。

四、 主题活动安排

九月：做个文明的好孩子、幼儿园里朋友多（教师节活动）。

十月：我爱我家（国庆节活动、中秋节活动）。

十一月：秋天（消防日活动）。

十二月：我在马路边（迎新年活动）。

一月：寒冷的冬天。

在主题活动中我们经常需要收集各种学习资料，组织幼儿交流经验，尊重每个孩子表达的愿望。如果家长能和孩子一起收集并让孩子带到幼儿园中来，那么幼儿在集体中的表达表现就会更充分，学习更深入。

五、 游戏

中班是幼儿角色游戏的高峰期，幼儿会将自己所见到的生活知识在游戏中进行尝试。角色游戏有助于激发孩子们更多的想象，有利于培养孩子的社会交往能力。当孩子有新的游戏创意的时候，老师和家长都应积极配合。教师会创设环境，提供各种丰富材料，家长也可以配合收集游戏中所需要的材料，这样更能激发幼儿游戏的愿望。教师和家长还可以扮演其中的角色和孩子共同游戏，培养幼儿交往、解决问题的能力。

六、 家长工作

感谢家长们一如既往的支持和帮助，尤其是家委会的家长们，上学期还帮助我们班级进行了电脑的维护、幼儿照片的上传、外出活动的策划和组织、家长老师和志愿者的招募，并且参与幼儿园以及班级工作的决策，参加幼儿园的家委会和伙食会等等，衷心感谢你们的支持！本学期的家长工作还有以下一些：

1. 通过网络，我们会将班级的活动、通知等发到家长信箱中。

2. 继续丰富自然角，丰富孩子的知识。请引导和帮助孩子在自然角的花卉和动物器皿上插一块小牌子或贴上纸条，上面写上动植物的名称，并学习如何照顾。

3. 开学前老师已经家访了部分幼儿，我们还会通过个别家长接待日、家长老师活动、经验交流会等方式加强和家长的沟通。

4. 请严格遵守接送幼儿的时间，保证孩子按时参加园内的活动。

5. 孩子的接送卡如有遗失，请务必尽快告诉老师补办。

6. 感谢家长的大力支持和帮助，如果还有什么要和老师交流的可直接找老师或打电话、发邮件。

图2-16　家长与教师的沟通方式多样

七、个别交流

好，今天的家长会就到此结束，以下是个别交流时间，如有不清楚的还可以问老师。

 思考与练习

1. 幼儿园的家长会各有哪些类型？
2. 请设计一份大班下学期的家长会计划。

第五节 亲子活动

学习目标

- 了解亲子活动的多种形式；
- 组织亲子活动的要点。

案例分析2-6

"三八妇女节"快到了，小二班将举行"我的好妈妈"亲子活动，邀请每位小朋友的妈妈参加当天的活动。在活动中，妈妈们表演节目、展示自己的本领，孩子们唱歌、给妈妈送礼物（贺卡），向妈妈表达自己对她们的爱。

问：你喜欢幼儿园的亲子活动吗？

家长A：参加亲子活动，可以让我更多地了解孩子在幼儿园的情况。

家长B：喜欢到幼儿园参加亲子活动，有时间就会去。

家长C：幼儿园的亲子活动有各种内容，孩子们和家长在一起游戏很
　　　　开心。

家长D：亲子活动让我们与孩子的距离变近了，很开心。

分析：亲子活动，是以建构良好的亲子互动关系、促进亲情影响为目的，有计划地安排家长和孩子一起参与的活动。在幼儿园开展亲子活动有利于增进家长和孩子之间的情感交流，有利于孩子身心的健康成长，有利于激发孩子的内在潜能。

从上面的案例中，我们可以看出亲子活动是非常受到家长们的欢迎的。形式多样、丰富多彩的亲子活动不仅拉近了家长与教师、家长与家长之间的距离，而且给家长与孩子创造了互相交流、互相学习的机会，使孩子在浓浓亲情中感受学习的乐趣。它的意义不仅在于让孩子和父母更亲近，更在于帮助孩子成长，让孩子结识更多的好朋友。

接下来，让我们一起来了解亲子活动的形式和内容吧。

一 亲子活动的形式与内容

幼儿园的亲子活动形式一般有：亲子郊游、亲子游戏及围绕主题和各类节日开展的亲子活动。

图2-17　亲子春游

（一）亲子郊游

每年的春天或者秋天，组织孩子和家长一起到郊外去游玩，让孩子在真实、丰富的环境中体验、感受美好的大自然。家长也能放松心情，和孩子一起游戏，增进亲子情感、促进亲子沟通。让孩子在与老师、同伴和家长的亲密接触中学习交往。

亲子郊游要注意的是不能变成"放羊"式的活动，任由家长跟着导游，或者家庭自由玩耍，起不到集体活动的作用。教师应该和家长、孩子们在一起，一同欣赏美景、一同游玩、一同交谈，还要事先进行安全教育，做好旅途的安全保障工作等。

（二）亲子游戏

亲子游戏是父母与孩子之间以亲子感情为基础进行的一种活动，是沟通交往的重要形式。在游戏中，父母可以和孩子一起体验快乐和爱，享受亲子时光。如：音乐游戏《袋鼠妈妈》、运动游戏《我们一起走》。

图2-18　亲子运动会

除了一般的游戏，还可以举行亲子运动会。如：开展庆"六一"暨健康教育展示活动，围绕"让幼儿在体验中发展、在快乐中成长"的目标，全体师生以体育游戏为主开展一场有趣的亲子运动会。教师准备各种体育游戏，通过爸爸妈妈和孩子的通力合作，抱一抱、走一走、跑一跑、爬一爬，既让孩子活动了身体、在和爸爸妈妈一起运动的过程中更爱锻炼，又给全家增加了无穷的快乐。

（三）围绕主题开展的亲子活动

围绕主题开展的亲子活动，更注重学习，更具有针对性。如在"爸爸本领大"这个主题中，邀请爸爸们到幼儿园来参与活动，展示本领，和孩子们一起做科学小实验等。由于平时爸爸们很忙，没有太多的时间陪伴孩子，这样的活动无形中展示了爸爸们的男性魅力，增加了父子亲情，很受孩子们的欢迎。

图2-19　亲子科学大赛

（四）围绕各类节日开展的亲子活动

根据节日的特点而开展的亲子活动也非常有意义。如：植树节、妇女节、劳动节、儿童节、中秋节、重阳节、端午节、元宵节、圣诞节等。近年来，与这些节日结合进行的、比较常见的还有亲子时装秀、亲子游园会、亲子义卖等等。

亲子活动对孩子与家长而言是有益身心发展的，并且也越来越受到教育工作者及家长们的关注。3—6岁的孩子正处于人生的启蒙阶段，丰富多样的亲子活动对家长与孩子而言都必不可少。

图2-20　亲子做元宵

图2-21　教师节亲子活动

图2-22　六一亲子活动

知识链接

根据规模大小划分的亲子活动

1. 幼儿园的大型亲子活动

每学期根据学期计划及实际需要开展，如："六一"文艺表演、亲近自然春秋游、健康娃娃来运动、园庆、义卖等等。由于是全园大活动，应该组建专门的团队来负责，计划至少要提前一个月制定好，向所有家长发放邀请函，全园所有部门一起配合完成。

2. 年级或班级亲子活动

一般根据主题、节日和具体的需要而开展，每学期至少一次。计划的制定必须提前一至二周，以书面通知的形式告知家长，以取得家长的共同配合及积极参与。如：新年时装秀、万圣节活动、元宵舞龙、端午民俗乐、大班毕业典礼等等。

 二、 亲子活动的组织与实施

在幼儿园的亲子活动中老师承担着重要的任务，既是活动的组织者，又是活动的协调者。而在亲子活动中家长除了参与，还可以协助老师一同策划、组织，以达到家园共育的效果。组织亲子活动可以分以下三步走：

图2-23 师生亲子同参观

（一）转变观念，提高家长对亲子活动的认识

要成功地开展好亲子活动，不但需要家长的参与，更需要的是家长对亲子活动的认识和支持，使家长真正成为亲子活动中幼儿活动的合作者与支持者。所以，我们把转变观念，提高家长对亲子活动的认识作为亲子活动的第一步。

1. 活动前的介绍

让家长了解亲子活动的目的、意义以及家长在亲子活动中与孩子互动的形式与方法，使家长对如何与孩子一起开展亲子活动有一个理性的认识。每次亲子活动前，教师应该对家长进行简短的介绍，使家长对每一次亲子活动都有比较明确的认识。如在"摩登原始人"的亲子活动中，教师利用家长接孩子的时间，向家长介绍本次活动的目的，让家长明确需要配合的一些工作，与孩子一起收集美丽的树叶及辅助材料，在生活中引导孩子进行时装模仿秀，初步培养孩子对服装的审美能力。教给家长一些引导孩子的技能，以孩子为主，家长为辅，活动中当孩子有困难时进行必要

图2-24　亲子时装秀

的启发与引导。通过这样的介绍，家长明确了活动目的和意义，明确了自己的角色意识，配合工作就会比较理想。

2. 成功案例分享

通过成功的案例让家长了解亲子活动的成效与意义。如在"弯弯乐园"的主题活动中，能力较弱的含含和妈妈一起外出寻找、观察弯弯的植物，在妈妈的指导下将观察到的事物记录下来，带到幼儿园。教师将含含的作品张贴在了主题墙上，含含自信地向小朋友们介绍，完全没有了往日的拘谨与退缩，这对内向、胆小的含含来说是一个突破。听到孩子有这么大的进步，含含的妈妈既高兴又激动："孩子在家也愿意和爸爸、妈妈说一些幼儿园学到的本领了……"其他的家长听了也都频频点头。成功的亲子活动案例，让家长体会到了他们的付出有了回报，他们在生活中的实实在在的点滴引导对孩子产生了巨大的促进作用。

3. 回顾与反思，进一步提高认识

发现不足及时改进，进一步提高家长对亲子活动的认识。在平时的工作中，教师可以积极寻找成功或失败的亲子活动例子，主动与家长交流、探讨，使家长知道活动成功与失败的原因，促使他们不断调整自己的教育行为，进一步改变他们的态度、观念，从内心积极、愉快地参与亲子活动。

（二）合理引导，发挥家长在活动中的作用

在亲子活动过程中家长总会有"着急"的心理，唯恐自己的孩子做得不够好，不够完美，于是总想帮孩子一把，甚至包办代替，无形中剥夺了孩子想象与创造的空间，使孩子错失了锻炼机会。如何让家长放手，从"授人以鱼"转变为"授人以渔"，让家长在必要而恰当的时候进行引导呢？

在亲子活动中，要注重教师在活动中的指导，使家长充分发挥在亲子活动中的作用。

1. 在活动前给孩子自由表达交流的机会

在"超级化装秀"的活动中，老师在开始部分请孩子与家长共同讨论："你们想怎样来打扮自己和爸爸妈妈？"孩子们抢着发表自己的意见，当家长看到孩子们自信、大胆地表达自己的意见，当家长听到孩子"异想天开"的独特创意时，他们在惊叹之余，也会充分认识到孩子是一个独立的个体，他们有自己的思想，作为家长，不能将自己的主观意愿强加于孩子身上，而应该多倾听孩子的想法，尊重他们。

2. 在活动中巧设环节，提醒家长留给孩子充足的自由发展的空间

在"超级化装秀"的活动中教师设计了这样的环节，她对孩子们说："老师知道我们班的小朋友聪明又能干，你们能把自己和爸爸、妈妈打扮得漂漂亮亮吗？"小朋友们异口同声地回答"能！"有了这个环节，许多家长在活动中放手让孩子们操作，使得孩子有了一个动手创造、尽情发挥的机会。

3. 适时提醒，引导家长尊重孩子，给孩子更多的机会

在活动中，老师仔细观察家长的表现，引导家长尊重孩子的意愿，放手让孩子活动。当文文的妈妈大包大揽，用藤条在打扮文文时，老师走过去亲切地问："文文你们准备怎样打扮啊？"文文不言语。"文文有什么好的想法可以告诉老师和妈妈啊。""可以做漂亮的帽子和花环的！""文文你的想法真好，那你们动手制作吧！"老师和妈妈用眼神进行了交流。文文妈妈也随即蹲下身和文文一起制作。滔滔和妈妈正在合作做一件原始服，看见老师走过去，滔滔妈妈着急地说："哎呀，我们的树叶怕是不够了！"原来，滔滔妈妈是将树叶一片片叠起来串的，而班级小朋友们在前期活动中已经会将树叶别着串，那样既好看又节约材料。滔滔还专注于自己的制作，老师提醒滔滔："妈妈这样串树叶怕不够了，你还有其他的好办法吗？"滔滔看了看，拿起妈妈的铁丝和树叶："妈妈，这样串！"滔滔把树叶的背面朝上，用铁丝熟练地将树叶串起来。老师立即拍手夸奖他"真棒"！滔滔的妈妈更是喜笑颜开："哎呀！真是个好办法！"母子二人商量着投

入到制作活动中。在活动中，家长感受到了孩子的智慧，更愿意从内心尊重孩子、信任孩子，在活动中给予孩子更多的表达机会。

（三）分享交流，进一步提高亲子活动的质量

1. 开展亲子作品展览交流活动

在日常亲子活动中，孩子与爸爸、妈妈们共同制作了许多富有创意、独具匠心的手工作品。老师把这些亲子作品展示出来，并且请孩子对作品的制作过程及作品用途进行介绍。"这是我和爸爸一起做的自行车！""你看，这是我和妈妈一起编的！""快看我的啊！我这个和你们都不一样……"家长从孩子神采飞扬的表情和自豪的介绍声中，体验到了与孩子一起创作的乐趣。

2. 听取家长心声，不断反思、总结

举行完亲子活动"亲亲我的好妈妈"后，老师给每一位家长发了一份意见反馈表，除了对她们的热情参与表示感谢外，还请她们对活动提出宝贵的意见和建议。许多妈妈都感到活动非常成功，通过这样的活动不仅锻炼了孩子的能力，增进了亲子间的情感，还让父母更好地认识了自己的孩子。有一位妈妈的建议引起了老师的注意："本次活动开展得很有意义，比较圆满，但最后的环节评选'欢乐宝宝、开心妈妈'是否需要？因为在活动中每位家长每个孩子都是非常开心与快乐的。"听了家长的话，老师感到，在这个亲子活动设计中，自己还没有更多地真正从幼儿、家长的角度出发考虑每个环节。在以后的设计过程中，老师广泛采纳家长的建议，和他们交流探讨，尽量把每个环节考虑得更周到一些。这样不仅有利于活动的开展，而且激发了家长的主人翁精神和他们的主观能动性，使活动更贴近孩子的发展。

3. 注重家长间的相互交流学习

每位家长都有自己的优势与特点，有的家长具有较强的教育意识，能针对孩子出现的问题采取相应的对策；有的家长心灵手巧，能引导孩子制作精巧的手工作品；有的家长富于耐心，善于营造轻松愉悦的亲子氛围。于是老师开展了"亲子活动经验交流会"，或在家园之窗开辟"亲子活动心得体会"专窗，给家长提供了展示和交流的平台，将这些优势资源转化为其他家庭的共同资源，最大限度地发挥个体资源的示范辐射作用，变一人的经验为大家的经验，使更多的家长得到启示和提高。

在活动前，教师也可以事先制定好活动的规则，让参与的家长都明了自己的角色和任务，尽量避免活动中出现意想不到的状况。

案例 2-5

××幼儿园20××学年第一学期中×班 亲子活动"我爸爸"

活动目标

1. 欣赏绘本，理解图书中表达的内容，感受爸爸的爱好。

2. 通过集体教学、爸爸们的才艺展示，培养幼儿了解爸爸、亲近爸爸、爱爸爸、崇拜爸爸的情感。

活动准备

1. 课前请幼儿通过"爸爸调查表"了解自己爸爸的本领。

2. 《我爸爸》大书一本，把孩子们的"爸爸调查表"制作成PPT，爸爸们的才艺准备。

活动过程

一、说说故事中的爸爸

交流阅读后的感受，了解爸爸的爱好。

1. 师：看完了这本书，你的感觉怎么样？书中的爸爸喜欢做什么？

2. 个别幼儿自由回答。

3. PPT小结，简单说明爸爸们都有自己的爱好。

二、请爸爸表演自己的才艺

1. 师：看完了书里爸爸的本领，想不想看看我们的爸爸都有哪些不一样的本领？

2. ×××爸爸的魔术表演和互动。

3. ×××爸爸表演折纸和互动。

4. ×××爸爸表演扑克牌魔术和互动。

5. ×××爸爸表演科学小实验和互动。

三、观看爸爸们拍摄的视频

1. 师：有些爸爸今天没有到现场，但是他们也带来了精彩的视频，让我们一起分享吧。

2. ×××爸爸和孩子日常生活的点滴视频。

3. ×××爸爸和孩子包饺子的视频。

4. ×××爸爸训练警犬的视频。

活动反思

父亲，在孩子心目中的形象是高大的、威武的，他们代表着无穷的力量与强大的依靠；但是父亲，在日常中却也与孩子们有着一定的距离，爸爸们总是那么忙，很少能陪孩子。借助"爸爸本领大"这个主题的学习，我们开展了"我爸爸"的亲子活动，通过"爸爸的本领调查"、阅读绘本、集体教学、爸爸的才艺展示等各类丰富多彩的形式，为孩子们提供了一个了解爸爸、亲近爸爸的机会，更是为各位爸爸提供了一个展示的平台，让孩子们由此更加爱自己的爸爸。

活动中，爸爸们纷纷展示出了自己的拿手绝活，有近景魔术表演、折纸、扑克牌、科学小实验等，精彩的演出赢得了满堂喝彩。还有的爸爸虽然没能来到现场，但他们日常关爱孩子的视频、工作中的认真也赢得了孩子们热烈的掌声。

通过此次亲子活动，不仅增加了孩子们与爸爸之间的情感沟通，同时也唤起男性家长的教养角色意识，激发他们重视自己的独特作用，在孩子面前树立父亲的榜样形象，促使父亲成为孩子的良师益友。今后我们还应该多开展类似的活动，让爸爸们能多多参与到孩子成长的过程中。

案例 2-6

××幼儿园20××学年度第一学期
小×班"开心宝贝迎新年"亲子活动计划

时间

20××年12月30日，15：00。

地点

2号楼大厅。

目标

1. 乐意与同伴一起参加表演和游戏活动，愿意在集体面前表现自己。

2. 密切亲子关系、家园联系，共同感受迎接新年的快乐。

准备

1. 提前通知，请家长安排好时间，准时参加活动。

2. 活动场地布置：2号楼大厅。

3. 活动道具、小礼品。

过程

1. 幼儿和老师共同表演早操《数字歌》。

2. 你点我唱：回忆幼儿园学习的歌曲、儿歌。

3. 幼儿才艺展示：

（1）×××：儿歌《小姐姐背竹篓》、《小白鸭》。

（2）××：歌曲《小毛驴》。

（3）×××：背电话号码。

（4）×××：英文儿歌《五只小猴子》。

（5）×××：舞蹈《蝴蝶》。

（6）××：英文歌曲《ABC》。

（7）××：《小燕子》。

4. 亲子游戏：大家来占圈。

准备：10个呼啦圈。

游戏方法：11名家长手抱自己的孩子围着圆圈走，当老师的琴声停止时家长抱着幼儿跳进呼啦圈内，依次减圈，最后占到圈的为胜利者。

5. 魔术表演：刺不破的气球（××小朋友爸爸）。

6. 亲子游戏：投篮。

准备：海洋球、纸箱子。

游戏方法：6对孩子与家长各站在老师事先画好的场地上，幼儿手捧纸箱，家长手拿海洋球对准孩子手上的纸箱投篮，最后宝宝纸箱内球多的为胜利者。

7. 亲子才艺表演。

8. 集体表演：雪花和雨滴。

9. 说说祝福语，一起祝福新年的到来！

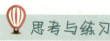 **思考与练习**

1. 你知道的幼儿园中常见的亲子活动有哪些？请举例说明。

2. 请为中班的小朋友设计一次亲子运动会。

第六节 家长开放日

学习目标

- 了解家长开放日的意义和类型；
- 掌握组织与策划家长开放日的要点。

一、家长开放日的特殊意义

案例分析2-7

牛牛妈妈是某公司一位高级管理人员，她在百忙之中抽空来参加儿子小班的家长开放半日活动。老师知道牛牛妈妈平时很忙，经常还会出差，问："牛牛妈妈，您今天怎么有空来呀？"牛牛妈妈说："本来有一个投资会议要出差的，但是因为今天是儿子幼儿园的开放家长半日活动，所以推迟了半天的飞机。"

牛牛妈妈看了儿子的半日活动后大为感叹，她发现老师设计的活动深得孩子们的喜欢，同时也发现自己家的宝贝由于平时姥姥、姥爷带得多，在自理能力和主动性方面要比别的孩子差很多。牛牛妈妈暗下决心：看来以后自己要多陪陪儿子，同时也告诉老人对孩子不能包办代替过多。

分析： 从上面的案例中，我们可以看到，由于现在独生子女多，像牛牛妈妈一样工作非常忙碌的父母不在少数，造成了从孩子出生到母亲工作后，大多数的教养任务落到了祖辈身上，而祖辈的教养大多重养轻教，会不由自主包办代替，不肯放手让孩子们做一些力所能及的事情。父母来幼儿园参加孩子的半日活动之后，能深入地了解孩子在幼儿园的表现，有效地和幼儿园采用一致的教育方法。可见，幼儿园的家长开放日活动让家长受益匪浅。

　　家长开放日就是幼儿园定期或不定期地邀请家长来园所参观教育活动，如：让家长观看上课、游戏、幼儿作品等，促使家长增进对幼儿园工作的了解，在与同龄儿童的比较中，了解自己子女的发展水平；学习幼儿教育的方法；体验教师工作的辛苦等。[1]"应建立幼儿园与家长联系的制度……幼儿园可实行家长开放日的制度。"[2]的确，"百闻不如一见"，家长开放日活动为家长提供了深入了解幼儿园和自己孩子的机会，它给予家长的视觉冲击与思维启迪是生动且深刻的，因而深受家长欢迎。家长开放活动的意义主要体现在以下三方面：

　　（一）有利于帮助家长理解保教结合的涵义

　　保教结合，即保育与教育相结合，是幼儿园教育区别中小学教育的主要特征。保育就是教师要精心地照看和保护身心稚嫩的孩子，做好安全、卫生、保健方面的工作；同时要逐渐教育孩子学会照顾自己，培养生活自理能力，使孩子在情感、社会性和性格等方面都得到良好的发展。保教结合对应的家庭教育要求就是养育结合，即养育与教育相结合，要求家长既要细心照顾孩子，又要锻炼孩子自己做事的能力。但是现在的家庭中，普遍存在着家长对孩子过度照顾、束缚孩子手脚的问题。家长开放日活动让家长看到孩子入园以后，在老师的帮助下能够自己的事情自己做，有助于家长减少教养分离、养育多教育少的倾向。

　　（二）有利于向家长宣传全面发展的教育观

　　做父母的都希望孩子早日成才。但是对于何为"成才"，家长们存在不同程度的误解。家长开放日活动有助于向家长宣传正确的观念：科学的幼儿园教育注重根据幼儿的心理发展特点，采取适合孩子接受的内容与游戏的方法，量力而行，循序渐进，以丰富孩子的生活经验为主，提高孩子的具体形

---

① 摘自《幼儿教育百科词典》。
② 《幼儿园工作规程》，中华人民共和国教育部，1996年。

象思维和动作操作能力，让他们在健康、语言、社会、科学、艺术五大领域得到全面的发展。

（三）有利于增加家长对教师工作的了解

很多家园沟通的障碍来源于家长对幼教工作缺乏了解，即使有所了解，也因缺乏细致的观察和深入的体验难以改变已有观念，家长容易站在自己的角度看待教师的工作，当教师没有满足自己的愿望或孩子的个别需求时，就会对教师产生这样或者那样的意见。参加开放日活动，家长就有机会设身处地地感受到：在很多情况下，不是教师不愿意照顾孩子的个别需求，而是集体环境本身就决定了孩子应该增强自身的适应能力。比如：教师作为很多孩子而不是一个孩子的"代理妈妈"，她要尽量做到公平对待每个孩子，让孩子在生活中学会等待，在游戏中学会分享，在交往中学会互惠，在锻炼中学会坚强。

可见，家长开放日活动有助于家长理解教师工作的辛苦和良苦用心，即教师的所作所为都是在为孩子的长远发展着想。

图2-25 家长开放日活动

二、家长开放日的组织和宣传

（一）策划与组织

结合幼儿园的特色建设，传承中华传统文化与习俗，××幼儿园中班年级组决定在家长开放日举办"民俗游戏乐淘淘"的活动，老师们一同收集资料，集思广益，经过两次教研讨论，确定了8个精彩活动内容，包括：

民间游戏4个，分别是"敲锣打鼓迎新年、送年货、运彩蛋、套圈"；民俗手工制作4个，分别是"画灯笼、捏泥娃、剪窗花、制作'福'到"。其中民间游戏在户外进行，民俗手工制作在室内进行。在活动方案以及材料的前期准备工作中，确定了每班各负责两个活动内容，大家团结一致，有计划、分步骤进行，年级组统一申购并分配材料，大家共同准备和制作等。

为保证当天活动开心而有序，避免盲目、拥挤及安全问题的发生，年级组老师认为不仅要发"邀请函"，而且应该向家长说明活动流程、游戏场地介绍等，于是大家一同讨论活动中的注意事项，最后拟定出几条规则：①给每位家长发放一张"民俗游戏乐淘淘"的活动介绍，让家长了解每个游戏内容和场地位置；② 9:30活动正式开始，提醒每个班级家长先玩自己班级的两个游戏内容，一半人玩室内，另一半玩室外，之后再去玩别的班级的游戏；③提醒家长每个游戏内容最多15人同时进行，家长如果看到人多请先到其他活动场地去玩，分散人流；④每玩好一个游戏，请到游戏负责老师处敲一个章，集满8个章的幼儿在活动结束后可到班级老师处换取小奖品一份。这些详细、具体、细致的活动注意事项，使得当天的活动进行得既热闹，又井然有序。

（二）宣传与提醒

家长开放日的活动在园内策划与组织好了以后，就应该及时告知家长，做好宣传和提醒工作。由于爸爸妈妈工作忙碌，这种重大活动应该提前发放家长邀请函，让家长早做准备，然后班级老师还可以以短信、电话等形式再次进行确认。这个过程其实也是宣传与提醒的过程，家长的参与度高，一般活动的效果也会更好。

邀 请 函

亲爱的家长：

　　您好！

　　为了弘扬中华传统文化与习俗，结合我园书香文化特色，我们中班年级组将于20××年×月×日（周×）上午8：30—11：30进行"民俗游戏乐淘淘"家长开放半日活动，诚邀您参加本次活动，与孩子们共同感受中华传统习俗，共享亲子活动的乐趣。家长开放日当天，每位幼儿由一位家长陪同，请带好邀请函并向门卫出示。

我们期待着您的积极参与！

×××幼儿园中班年级组

20××年××月××日

 三、不同形式的家长开放日

在幼儿园的实际工作中，家长开放日的活动形式多种多样，教师可以根据实际情况灵活组织。

（一）半日生活型

家长把孩子送到幼儿园之后，对孩子在幼儿园的生活、学习、游戏和锻炼等情况都很好奇，他们想亲眼看看孩子在幼儿园一日活动到底是怎样的。孩子真的像老师说的进步那么大吗？吃饭那么好吗？要知道在家里都是家长喂的呀！所以，家长开放半日活动是家长很期盼的。为此，教师平时要注意对孩子的常规培养，如：洗手、吃饭、如厕、收拾玩具、举手发言等等，让家长看到孩子入园以后养成的良好习惯。尤其是孩子独立生活能力的展示最容易打动家长，让家长真正感受到"孩子长大了，到了幼儿园变得越来越能干了"。

半日生活型的家长开放日比较适合托、小班的孩子，要求教师日常要做好孩子们常规的培养，当天更要体现对孩子的关爱和有针对性的教育。

图2-26　让家长看看孩子在幼儿园的表现

（二）亲子制作型

如：小班的"树叶书签"家长开放日活动，活动的目的是为了让孩子们初步了解书签的制作过程，和爸爸妈妈一起亲自动手制作树叶书签，激发孩子们探索大自然的兴趣。活动前教师准备了已做好的树叶书签一张、彩纸、剪刀、胶水、书等材料，并请孩子和家长一起把收集到的树叶带到幼儿园来。开放日当天，先让孩子们观察书签的图案，说一说书签的用途，然后引导幼儿比较树叶书签与落叶的区别，说一说和爸爸妈妈一起收集的树叶是怎样的，收集树叶后为什么要压在较厚的旧书页里两个星期。最后教师和幼儿、家长一起整理树叶，按照以下程序制作树叶书签：首先选择完整、平整的树叶；其次将树叶粘贴在彩色底纸上，在底纸上进行添画或绘画，老师进行分组指导，家长可以协助孩子完成；然后教师帮幼儿把制作的树叶书签进行塑封，在顶部打洞；最后幼儿尝试使用丝带穿洞打结，一张自制的树叶书签就做好了！

亲子制作型的家长开放日强调家长共同参与、帮助的过程，教师要突出对活动的设计和指导。这种类型适合年龄较小或能力较弱的班级进行。

图2-27　家长共同参与活动

（三）能力展示型

在开放日向家长展示孩子学习到的知识与本领，是很多教师经常设计的活动内容，如：大班的开放日主题——小小音乐会，从选定节目——彩排——出场顺序——主持都由教师和孩子共同讨论、排练和演出。教师把一个学年孩子们所学的儿歌、歌曲、舞蹈、打击乐、游戏等串联起来合成一台节目，人人参与、个个展示。活动过程中家长们或举起照相机拍照，或举着摄像机录影，还有参与表演的。活动像一台小型的春晚，孩子们在台上演得尽兴、在台下看得开心，家长们更是喜出望外，原来孩子们在幼儿园学到了那么多的东西。

能力展示型的家长开放日对日常教师的教育教学水平要求较高，教师有语言和艺术方面的特长，才有助于班级形成这方面的特色。

（四）庆祝节日型

节日期间，也是幼儿园举办家长开放日活动的好时机。比如上面我们提到的中班年级组进行的"民俗游戏乐淘淘"家长开放日活动，就是结合了幼儿园特色和节日进行的。活动中老师发现孩子们玩得兴致勃勃，他们每参加好一个活动就会有所收获，有的带着刚制作好的"福"字，有的拎着刚画好的灯笼，还有的抱着"运彩蛋"得来的气球……看到自己的孩子那么认真投入活动，最后获得成功和赞扬，家长们也都喜笑颜开，幼儿园洋溢着生机勃勃、热闹祥和的景象。活动得到了家长们的一致好评。

庆祝节日型的家长开放日活动适合各个年龄段的孩子，对幼儿园和教师的策划、实施及合作的要求较高。

（五）教学展示型

很多家长对自己孩子的教育方法单一，主要采用解释和灌输等成人常用的学习方法。而幼儿教师的专业性则体现在：教育目标适切，符合幼儿的年龄特点，建立在幼儿的已有经验和能力基础之上；教育内容符合幼儿的兴趣，尊重幼儿的选择；教育方法富于游戏性、丰富性和灵活性。一般来说，教师在音乐、美术、舞蹈、手工等方面的技能技巧也都高于普通家

图2-28　课堂教学展示

长。因此，教学展示型的家长开放日向家长展示教师科学的教学方法、展现教师的教学风采、提高家长的教育观念，这也是幼儿园中最常见的家长开放日类型。

（六）教研观摩型

现在的幼儿园都很重视园本教研，定期举行教学观摩与研讨活动，使

教师的教研水平不断得到提高。但是大多数幼儿园都是"关门做专业"，很少向家长开放教研活动，所以家长并不清楚原来教师们如此严谨认真地钻研幼儿教育。因此，可以尝试进行教研观摩型的家长开放日活动，先让家长参观教师对幼儿进行的教学活动，再让家长参观教研组教师针对一节教学活动开展的研讨，最后请家长谈一谈自己对教学活动和教研活动的感受或者建议。开放教研活动会让家长体会到如今的幼儿教育不再是以经验为主导的"简单的生活照顾和简单的知识技能教育"，而是以幼儿心理学和幼儿教育学为基础的科学的、专业的教育。有助于家长更加认同、配合幼儿园的工作。

　　教研观摩型的家长开放日新颖别致，但对教师的专业水平和教研能力要求较高，幼儿园和教研组如果要进行这类家长开放日需事先设计与组织好各个环节，向家长进行充分的展示。

知识链接

◇ 家长开放日活动是一个家园沟通的重要形式，无论是教师还是家长都要珍惜这一机会。
◇ 每一次家长开放日活动可以鼓励孩子家中的不同家庭成员来参加。
◇ 家长开放日活动中，教师尤其要注意着装合体、便于活动，领口不要太低。
◇ 和孩子、家长沟通的时候语言亲切，在活动中能照顾到全体孩子，给每一个孩子展示的机会，积极鼓励和表扬他们，切忌当着所有人的面批评孩子和家长。

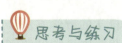
思考与练习

1. 你觉得在家长开放日活动中，可以引导家长观察孩子的哪些方面？
2. 尝试设计一个家长开放日活动，并进行介绍。

第七节 家长学校

学习目标

- 理解建立家长学校的重要性；
- 了解如何确立家长学校的内容。

一 建立家长学校的重要性

如今幼儿的家庭大多是 4+2+1 的模式，爷爷、奶奶、外公、外婆、爸爸、妈妈和孩子。成人往往将孩子当作整个家庭的主宰和中心，使得他们饭来张口、衣来伸手、娇生惯养。年轻的父母虽然懂得一些教育知识，但面对着自己的孩子，碰到了具体问题的时候也常常会无计可施。

案例分析2-8

情境1：

孩子在幼儿园游戏中不小心擦伤，经过老师的解释后妈妈把孩子接回家了。可到了第二天，爷爷、奶奶都来质问："脸怎么会破呢？是不是幼儿园小朋友弄伤的呀？以后留疤怎么办？"还当着孩子的面说："以后小朋友打你，你就打他们！"

情境2：

许多父母关心最多的就是孩子每天学了什么知识，不仅课外给孩子报了很多的兴趣班，还要老师在幼儿园里多教孩子认字、说英语等等，而对于孩子在幼儿园快不快乐、和小朋友相处得好不好，根本不关心。于是有的孩子虽然多才多艺，琴棋书画样样精通，可是去亲戚朋友家里却不知道和别人打招呼；在幼儿园里也交不到好朋友，因为他经常和小朋友吵架、闹别扭。

家长的声音：

家长A：平时在家里我们一教育孩子，爷爷、奶奶就上来护着，因为是长辈也不好说什么。如果幼儿园可以开放"家长学校"，请来专家为爷爷、奶奶、外公、外婆开展教育讲座，帮助长辈们了解和接受科学的育儿观，这样我们家庭教育也容易形成合力，孩子们就没机会做"两面派"了。

家长B：我们80后的家长们学历水平都不低，但是养育和教育孩子对我们来说是个最大的课题。我们都是第一次为人父母，在教育孩子的过程中时常会遇到棘手的问题，我们经常从书本、网络中寻找答案，但是面对孩子的时候却不知道该怎么办。幼儿园的老师们在教育孩子方面比我们更专业，在幼儿园的一日生活中能观察到孩子各方面的表现，因此我们很想听听老师们的建议。

分析：我们都知道，幼儿的教育不仅仅是学校的事情，社会、家庭同样存在着不可忽视的重要作用，但家庭教育有时会在某些方面存在误区。为了更好地整合教育资源，提高家长科学育儿的能力，幼儿园开办"家长学校"，请来专家为家长们做相关育儿指导是势在必行的。"家长学校"的宗旨是引导家长认识家庭教育的误区，改变错误的育儿行为，提高家庭教育的质量，家长和幼儿园形成有效合力，促进幼儿健康成长。

那么，开展"家长学校"有哪些重要意义呢？

（一）开展家长学校是社会发展的需要

社会发展到今天，我们必须顺应教育改革的潮流，积极应对，很重要的措施就是办好家长学校，提高家长素质，提高家庭教育水平，培养一代又一代的建设者和接班人。所以，从这个角度来说，开展家长学校是社会发展的需要，这是时代赋予学校的历史使命。

（二）开展家长学校是教育分工的需要

学校教育、家庭教育和社会教育是教育的三大支柱，也是教育的自然分工。现在一提起教育，大家想到的、关注的就是学校教育，这是认识上的偏颇。学校是专门的教育机构，教师是专门的教育工作者，学校应当担负起主要的教育责任，这是毫无疑义的，但是没有家庭教育的配合和支持，学校是不可能单独把孩子教育成材的。教育是人的全方位成长的过程，对于年幼的孩子来说，家庭教育同样非常重要，"家长学校"可以帮助家长们较好地承担起家庭教育的任务。

（三）开展家长学校是实施素质教育的需要

《3—6岁儿童学习与发展指南》明确指出：以为幼儿后继学习和终身发展奠定良好素质基础为目标，以促进幼儿体、智、德、美各方面的协调发展为核心。

家庭教育是素质教育的重要场所，家长需要共同了解3—6岁幼儿学习与发展的基本规律和特点，建立对幼儿发展的合理期望，实施科学的保育和教育，让幼儿度过快乐而有意义的童年。

（四）开展家长学校是全面提高家长素质的需要

近十几年来，家长学校有了长足的发展，但是发展得并不平衡，受教育面不是很普遍。大多数家长没有参加过系统的教育和培训，他们的家庭教育方法主要是世代传承下来的，上一代人怎么教育我，我就怎样教育子女。家庭教育质量、教育素质参差不齐，导致一些家长在旧的教育观念指导下，教育子女的方式存在严重问题，本身已经错了，还茫然不知；另一方面是面对孩子出现的学习、心理等方面的问题又总是处于被动状态，不知所措。针对家长这个群体的现状，需要开展家长学校，对他们进行有计划的培训，通过家长学校向他们讲授家庭教育理论，帮助其掌握科学的家庭教育理念

图2-29　老师家长同动手

图2-30　开展家长学校

和正确的家教方法。①

以上四个方面阐述了开展家长学校的必要性和重要性，说明了开展家长学校是社会发展的需要，是教育发展的需要。学校教育需要家庭教育的配合，需要在家长学校接受系统培训掌握了一定的正确教育理念和科学教子方法的家长的配合，只有这样，才能教育出德、智、体、美、劳各方面和谐发展的建设者和接班人。

二、如何确立家长学校的内容

家长学校应该怎么组成，幼儿园的家长学校内容该如何来确定呢？

（一）家长学校的组成

（1）家长学校的常设机构由幼儿园行政、教师代表、家长代表、外聘专家等组成。教育对象为在园幼儿的家长及社区0—6岁幼儿家长。

（2）家长学校的章程可以由教师和家长代表共同参与制定，工作章程需依据《幼儿园工作规程》、《3—6岁儿童学习与发展指南》及有关文件精神，结合幼儿园的发展和课程建设，以指导家庭教育为目的。

（3）家长学校的成员共同制定工作职责。

① 每个成员向其他家长、社区宣传幼儿教育工作的意义、地位和作用。

② 每个成员都参与家长学校的各项工作管理，制定符合实际的家长学校工作计划，并在实施中反思、总结，不断完善。

③ 每个成员为家长学校的教育活动提供更多的教育资源信息。

（二）家长学校活动的形式和内容

家长学校活动是根据家庭教育中存在的问题和困惑，有目的地开展活动。因此，幼儿园教师要主动与家长交流，注重收集家长在家庭教育中产生的困惑和需求，及时发现家长在家庭教育中出现的问题，并对收集的资料进行分析、梳理。收集的途径多种多样，可以通过问卷调查、园长信箱、网络投票、家长会听取意见等等。幼儿园找出家庭教育的共性问题、家长最急需最感兴趣的问题作为举办家长学校活动的主题，有目的地帮助家长

---

① 摘自《开展家庭学校的意义》。

分析问题症结，寻找解决问题的办法。如：家长关心的同伴交往问题、智力开发问题、幼小衔接问题等。①

　　家长学校的活动形式可以多样，如：专题讲座、研讨互助、问卷调查、操作指导等。我们来看看下面的案例吧。

案例 2-7

专题型的家长讲座

　　秋季到了，班级幼儿时有咳嗽，有的孩子感冒生病了不能来幼儿园。于是有的家长认为感冒会相互传染，还是不要上幼儿园的好，班级出勤率直线下降。针对这一情况，幼儿园邀请了儿童医院的儿科专家为家长们开展《幼儿家庭保健常识》的讲座，帮助家长了解幼儿生理发展规律以及不同季节对孩子身体保健的护理。讲座后还进行个别答疑，为家长们提供咨询等。通过专题讲座，家长们了解到这是常见问题，是孩子正常生长必经的，只要家园科学护理就能安全度过，于是家长们打消了顾虑；同时家长们还掌握了平时难以学到的幼儿家庭保健方法，不仅转变了观念，还解决了养育孩子遇到的困难。

案例 2-8

开放式的家长沙龙

　　中班围绕《培养良好习惯从小抓起》的教育主题，幼儿园举办了宽松、民主的家长沙龙，家长和老师共同畅谈教育中的困惑，互相交流教育孩子的好方法、家园共育的好点子。在这样宽松的氛围中，家长们畅所欲言，表现积极踊跃，不仅增加了家园的理解和支持，更激发了家长的育儿热情，增强了学习效果。

---

① 摘自《家园沟通使用技巧》。

案例 2-9

参与式的教学活动

在幼儿园的主题课程中，家长与社区人士的专业特长是可贵的教育资源，教师可以邀请家长以教师助理的身份直接参与到教学活动中，以自己的特长协助教师完成教学活动。对于不能来园参与教育过程的家长，教师可以采用亲子研究报告、亲子作业等方法让家长帮助孩子完成某一方面的深入研究。如主题"我在马路边"中，教师鼓励家长和孩子一起寻找马路边的数字，家长和孩子合作制成了图文画结合的研究报告。在孩子们充满骄傲与喜悦的分享与展示中，我们看到了家长在其中发挥的巨大力量。

案例 2-10

多元化的家长学校平台

随着信息交流方式的不断更新，为了满足家长与教师、学校的双向交流的需求，家长学校的交流方式也更为丰富多元了。幼儿园网站、家校通、微信公众号、飞信群、QQ群、微信群等网络化的互动空间成为家长学校的又一重要平台。

（三）拓展家长学校职能，做社区家庭教育的引领者

幼儿园的家长学校应发挥专业优势，利用社区丰富的人文资源和自然资源，向社区居民宣传科学育儿知识，充分发挥家长学校的教育宣传功能。

1. 组织开展家长志愿者活动

家长志愿者活动是指积极发动家庭中的力量，来为幼儿教学服务。可以邀请孩子的爷爷奶奶、外公外婆等来担任家长志愿者。一方面，祖辈们生活经验丰富，时间充裕，志愿者活动为他们提供了有意义的教育平台；另一方面，针对时下"隔代教育"出现的种种问题，向老人们宣传现代科学的教育观念和方法，这一活动很受家长的欢迎。

2. 与社区合作，开展亲子互动教育

0—3岁的早期教育，在我国已被纳入学前教育，成为终身教育体系的

图2-31 爷爷奶奶做志愿老师

开端。幼儿园以社区为基础，开展灵活多样的0—3岁婴幼儿早期教育服务，为孩子和家长提供早期保育和教育服务。家长学校是良好而科学的教育资源，开展相关的早期教育活动，为社区精神文明建设服务，树立了良好的社会形象。

案例 2-11

　　每学期，上海所有的幼儿园都会免费为周围社区0—3岁婴幼儿家庭开展公益早教活动3次以上。时间通常安排在双休日的上午。活动当天，几十户家庭0—3岁的宝宝和家长一起参加"阳光娃娃亲子欢乐运动会"、室内游戏、亲子阅读等。老师们为孩子们精心设计了多项符合孩子年龄特点的游戏，如《小蚂蚁钻山洞》、《捡小球》等。活动中，宝宝们得到了锻炼，早教老师还现场指导家长如何科学育儿，家长们加入了"育儿周周看"的短信平台，每周都能按时收到专家发来的育儿指导短信。这样的公益服务深得家长们的欢迎，大家纷纷说科学的指导帮助他们解决了育儿困惑，使孩子获得了有益的成长。

 思考与练习

　　请设计一份家长学校的活动方案，并进行介绍。

第八节　家委会

学习目标

- 了解家委会的职责和建立前的准备；
- 掌握家委会工作的策略。

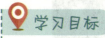

一　建立家委会

（一）家委会人员的选择

案例分析2-9

开学初幼儿园要召开家委会了，王老师这两天就在为选择谁担任班级的家委会委员犯愁呢！今年是王老师工作的第二年，新接手小一班，她觉得自己对新家长们都还不太熟悉，而选择怎样的家长作为家委会委员实在是没有经验，该怎样来选择家委会委员呢？

分析： 家委会全称家长委员会，它是由家长代表组成的代表着全体家长和幼儿利益的群众性组织（可分为园级和班级家委会委员），是幼儿园联系家长的桥梁和纽带，也是家园共育的一种形式。家长委员会让家长以合作者的身份，参与、支持、监督和协助幼儿园的管理和教育，帮助幼儿园更好地培养孩子，促进幼儿健康、快乐、和谐的发展。家长委员会能够整合、提升家园的教育资源，形成教育合力，所以幼儿园有必要成立家长委员会，让家长在教育过程中发挥最大作用。

既然家委会那么重要，家委会委员的选择就不能马虎。家委会委员必须具有"四有"条件：

第一，有人品。家委会委员的思想素质是首要条件。他们必须具有责任心、正义感，遵纪守法，能凝聚并正确引导家长，支持正确的教育观念并维护合法权益。

第二，有态度。家委会委员要热心公益服务，乐意为孩子、幼儿园和家长服务；关心、支持幼儿园的发展，能积极参与幼儿园的管理和监督工作。

第三，有能力。家委会委员要有较好的教育理念和方法，能为幼儿园发展献计献策，并有一定的组织、管理、策划和协调能力，能高效率、高质量地完成相关工作。

第四，有时间。家委会委员要保证能参与相关活动，及时了解信息，做好家园之间的沟通。

（二）注意人员组成的多类别

家委会是全体家长的代表，他们的学历、职业、专业、经济收入、社会地位、年龄等都不同。因此家委会成员需要最大限度地吸纳各个群体的代表。只有这样，家委会才会发出不同的声音，才会擦出不同的智慧火花。

第一，家委会成员要有祖辈代表。如：现在父母大多双职工，平时孩子交给祖辈抚养，祖辈们实际承担了第三代的教育和抚养责任，他们已成为家园互动中一个不可忽视的群体。

第二，家委会成员构成要考虑到男女性别的比例。现实中多数是母亲更多承担了孩子的学前教育，而且全职妈妈与以前相比更多一些了，她们有更多的时间用于家园互动，而父亲参与孩子学校教育机会较少，因此对于孩子来说是一种缺失。因此，教师要尽可能地吸纳父亲参与家委会，用他们的观点、行动来影响其他男性家长。

图2-32 中科院家长带领孩子们花坛种植

第三，家委会委员最好是多种职业的家长，这样组成的团队有利于工作的顺利开展。

图2-33　家委会组织爱心义卖

（三）选举家委会的流程

教师在第一次家长会上应该明确地告诉家长委员会的作用及其成员的选举标准：

（1）有责任感、正义感、公正感的在园孩子的家长；

（2）热心公益，愿意为大家服务；

（3）有一定能力、时间和精力。

然后可以通过家长自荐、互荐、教师推荐相结合的方式，最后根据名额（名额由幼儿园规模确定，一般班级和园级分别1—2位）推选出家委会委员。

 二、家委会的职责和功能

中华人民共和国教育部颁发的《幼儿园工作规程》明确指出："幼儿园家长委员会的主要任务是：帮助家长了解幼儿园的工作计划和要求，协助幼儿园的工作；及时反映家长对幼儿园工作的意见和建议；协助幼儿园组织交流家庭教育的经验。"随着时代的发展，家委会的职责内容也在不断的完善，我们从任务和权利两个方面来看主要有：

（一）家委会的主要任务

第一，定期参加家长委员会会议，了解幼儿园的主要工作计划和要求（如学期工作重点、主要活动、配合注意事项等），及时向家长们做好传递、解释和答疑工作。

第二，了解家长的想法，收集家长对幼儿园发展的意见和建议，主动将家长、孩子、社会等反映的内容及时与幼儿园进行交流和传达。

第三，配合幼儿园组织相关的家园共育活动，为孩子和幼儿园的发展提供便利条件。推广家庭教育的先进理念和经验，促进家庭教育与幼儿园教育的协调一致。

（二）家委会的权利

家委会委员具有知情权、参与决策权、监督权、评价权和质询权。

幼儿园需每学年（学期）召开家长委员会，园长向家委会委员汇报幼儿园的发展规划、工作计划、教育督导评估结果等。邀请家委会委员审议幼儿园的发展规划，就幼儿园各方面的发展情况提出意见和建议。

家委会可以监督幼儿园日常教育教学情况、伙食情况、安全保障情况和日常管理，参与上级部门对幼儿园的考核评估、问卷调查，对照上级政府机构和幼儿园的规章制度等提出疑问、询问相关信息等。

（三）家委会的功能

家委会作为幼儿园家园共育的主要形式，具有独特的功能：

第一，有利于家园沟通信息的畅通。以前，家长主要是配合幼儿园的工作，处于从属、被动的地位，再加上没有家委会这个特别的通道能够上传下达，家长中有好的意见、建议或疑问却不敢畅所欲言。而现在，家委会作为家长代表实现了家园之间双向的沟通和交流，家长能够主动、积极地参与到幼儿园的工作中，合理有效的建议被采纳，疑问得以解释和解决。提高了家长参与幼儿园教育的积极性和有效性。

第二，有利于家园一致共同教育。家委会委员来自于家长，更了解来自于家长和幼儿的情况、兴趣和需求，有助于幼儿园开展有针对性的工作；家委会委员能密切联系家长，为家长和幼儿服务，从而更容易为家长们所接受；家委会委员可以帮助幼儿园充分挖掘各个家庭潜在的教育资源，有利于幼儿园整合各类资源提高教育的有效性。

 家委会工作的策略

（一）互动时注重交流的艺术

家委会委员通常具有参与幼儿园工作的积极性，愿意尽力为幼儿园服务，但由于他们也有自己的工作，因而要注意沟通的方式，互相尊重与体谅。

案例分析2-10

李老师请晨晨妈妈帮助班级制作亲子活动的特别材料时，对她说："很不好意思，又要麻烦您了。大概要多长时间做好？好了后我到您那里拿。"若打电话时还应该加上一句："您要是没有空过来，我就把做好的材料的样品送到您那里。"听到老师这么说，晨晨妈妈很通情达理地说："不用不用，您带孩子们很辛苦呢，不麻烦您专程跑一趟了，我下班时来接晨晨，过来拿也很方便。"在晨晨妈妈的热心帮助下，亲子活动的材料很快就做好了，全班孩子和家长们一起开展了一次丰富而有趣的亲子活动。看到自己提供的材料让活动变得更加有趣有意义，晨晨妈妈露出了欣慰的笑容，她真诚地说："李老师，其实我只帮了个小小的忙，我们家长做这种材料很方便的，今后有需要尽管和我说啊。"

分析： 从上面的案例中，我们可以看到：教师与家长交往过程中要先想到家长可能的不便之处，站在家长的角度去思考、说话，注重礼貌礼节，让家长感受到教师对自己的尊重和照顾。当看到由于自己的帮助活动取得了良好的效果，家长通常都非常的快乐，更愿意积极参与幼儿园的活动了。

（二）发挥家委会的主动性

有的家委会委员有特长，可以充分发挥他们的主动性让活动变得更加精彩。同时，在遇到一些来自于其他家长的棘手问题时也可以求助于家委会委员，他们从家长的角度一起解决会更有效。

案例分析2-11

在幼儿园的种植活动前，负责活动的老师先和家委会园林组的负责人讨论如何开展系列活动，接着，园林组的组长召开了园林志愿者的会议，大家一起讨论种植的时间、种什么种子、需要用到哪些工具、孩子如何分批来种、班级需不需要再请其他的家长来做志愿者等等。在这个过程中，有经验的家长会告知这个季节哪些种子是合适的，他们协助老师采购了适合种植的种子，园林组的家委会家长便与老师们一起分工合作，在植树节前后进行了系列种植活动，把每班的自然角、幼儿园的花坛和种植地都种好了，老师和孩子们在这个过程中学到了很多种植的知识和本领。

图2-34　种植活动

分析：家委会成员是成人，很多在单位也是领导或专业人士，如果教师放手一些，让他们的能力和资源得到充分的发挥，就能激发家委会委员的主动性。

案例分析2-12

　　马上就要举行大班毕业典礼了，老师们为每一年的毕业季而忙碌着。大班年级组长召开了大班年级组家委会会议，倾听家委会委员们的想法，一位在电视台担任节目主持人的家长说："现在是流行病高发时节，最好不要在室内开展，我请和我们电视台合作过的具有大型活动经验的专业团队来帮忙吧。"于是，一场主题为"放飞梦想，感恩启航"的大班毕业典礼在幼儿园户外隆重举行。这场盛会在家委会、教师、孩子的共同努力下，获得了巨大的成功！成功的背后是家委会家长积极的策划和默默的付出，有搭台的、摄影的、催场的、协调的、后勤服务的……这场欢乐的毕业典礼给所有参与的孩子、家长和老师留下了深刻的记忆。

　　分析：幼儿园的大型活动可以充分听取家长的意见，大胆采纳家委会委员的好点子。在与家委会委员沟通时，将主题和重点交代清楚，至于具体的细节则可以尊重家长的意见，充分信任家委会委员的专业能力，将家长们的自身优势和想法发挥极致。当家委会家长们看到自己付出之后孩子们获得的快乐和成长时，他们也得到了深深的感动和满足。为了孩子，家长们是很愿意付出的。

案例分析2-13

　　秋天，是水痘、腮腺炎、手足口病等传染病高发的季节。小一班的帆帆患了手足口病，还处在隔离期，帆帆妈妈却不管传染病的相关规定，执意要将孩子送到幼儿园。周老师告诉帆帆妈妈要对其他孩子负责，要考虑到未被传染的孩子的健康，请她将孩子带回家，等到隔离期结束后再来幼儿园。但帆帆妈妈很不高兴，说孩子症状并不严重，自己也没有时间在家里照看她。眼看就要和帆帆妈妈闹矛盾了，周老师赶紧把情况反映给家委会委员们，于是家委会中的医生家长出面与帆帆妈妈做了沟通，理解她的辛苦和麻烦的同时也说明了传染病的严重性，并教给帆帆妈妈一些护理的好方法。由于同是家长，孩子又在同一班级，帆帆妈妈不好意思再坚持下去，她请了阿姨照顾帆帆，直到帆帆痊愈了再回到幼儿园。

　　分析：家委会代表了全体家长和孩子的利益，当家长中出现一些难以解决的问题时，教师不要孤军作战，可以充分发挥家委会的组织作用，用家委会的力量来解决家长间的矛盾。

（三）充分肯定家委会成员的成绩

　　我们要充分肯定和保护家委会委员的工作热情，真心诚意感谢他们的无私付出。

图2-35　家委会参观幼儿园

图2-36　家委会开会

案例分析2-14

  幼儿园为每个班级配备了许多图书，鼓励各班开展读书漂流活动，中班年级组决定举办"书香阅读——爸爸妈妈来讲故事"的家长志愿者活动，一个月中每天请4-5位家长来当志愿者，以小组的形式给孩子们讲故事，家委会委员则挑选了孩子们喜欢的精彩故事录了下来放到班级群里共享。日常在家里爸爸妈妈都会给自己的孩子讲故事，但这次是在班级中给小组的所有小朋友一起讲故事，还有精彩故事成为全班孩子的分享。这个独特的形式得到了家长们的大力支持，爸爸妈妈们纷纷报名参加讲故事活动，激发了孩子们阅读的热情。而看到自己的爸爸妈妈来到幼儿园为朋友们讲故事，听到爸爸妈妈的声音变成了录音，孩子们甭提多兴奋、多自豪了！活动结束后，中班年级组给讲故事的家长志愿者和家委会委员每人颁发了一张奖状，表扬他们的积极参与和无私付出。家长们都把奖状珍藏了起来。

图2-37 给家长志愿者和家委会委员颁发奖状

  分析：在这个活动中，老师充分利用幼儿园良好的资源开展富有意义的图书漂流活动，以独特的爸爸妈妈讲故事的形式来进行，家委会委员则把这个活动拓展开来，让更多家长进行展示、让更多孩子受益。家长们的宝贵时间成就了孩子们的阅读热情，家长们的无私付出得到了幼儿园的感谢和认可，这无疑为今后更多积极向上的家园共育打下了坚实的基础。

知识链接

1. 如果家委会委员不能按时参加活动或老师发现有的家委会委员不合适，不要擅自改变他们的身份，而应该和本人沟通后再做决定是否需要改选。

2. 教师中途接任别的班级时不建议更换家委会委员，应该充分沟通，建立信任，一如既往做好家园共育工作。

3. 除了充分依靠家委会委员外，还应该欢迎非家委会成员积极参与幼儿园的各项工作。

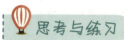

思考与练习

设计一个由教师牵头，家委会家长策划的亲子活动方案。

第九节　家长志愿者

学习目标

● 如何招募并组织家长志愿者；
● 家长志愿者的活动和内容。

一　家长志愿者的意义

　　家长志愿者是指在没有任何物质报酬的情况下，自愿、无偿地利用自己的时间、技能等资源为幼儿园提供帮助和服务的家长。家长志愿者参与幼儿园的各项工作不仅扩展了教师的教学内容，也丰富了幼儿园的教育资源。对于家长志愿者来说，参与幼儿园活动还能帮助解决幼儿园的困难，知道更多孩子在幼儿园的信息，更好地了解幼儿的发展特征和幼儿园的教育理念，同时，家长的参与会使幼儿用新的眼光来看待家长，感受到家人原来是这么能干。家长志愿者活动增进了幼儿与家长、家长与老师、家庭与幼儿园之间的亲密关系，有效推动幼儿园办园质量的提升。

二　家长志愿者的招募及实施

（一）发出招募家长志愿者倡议书

　　幼儿园为了更好地发挥家长的优势，利用家长资源，促进教育质量和办园质量的提升而招募家长志愿者。幼儿园在招募家长志愿者时往往会设定一些条件，主要包括：能支持幼儿园工作，能贡献自己的时间，能提供相应的资源等等。幼儿园根据家长的特点以及任务的不同，在招募家长志愿者时采用的方法也是不同的，主要形式有：发放"家长志愿者招募表"、在"家园联系栏"张贴通知、通过打电话或面谈直接邀请家长、在家长会上公开招募、利用网络发布招募通知等等。

我们来看一份幼儿园招募家长志愿者的倡议书吧！

幼儿园家长志愿者活动倡议书

亲爱的家长朋友：

您好！

一直以来，作为幼儿园的合作伙伴，您的理解和支持为孩子们的成长、幼儿园的发展做出了积极的贡献。在教育多元化的今天，家长不同的职业背景、先进的教育思想和成功的育儿经验，都是促进孩子们全面发展的有益补充。为促进我园与家庭、社会的密切联系，更好地为孩子的成长提供良好的环境，也为了满足广大家长朋友关心幼儿教育、参与幼儿管理、热心公益事业的美好愿望，我园将从本学期开始实施家长志愿者活动，希望得到您的大力支持！

一、志愿者要求

1. 身体健康，热心公益事业，富有社会责任感和奉献精神。

2. 关注孩子健康成长，关心、支持幼儿园发展。

3. 周一至周五能较自由支配自己的活动时间。

4. 积极、按时参加志愿者活动，遵守活动规则。

5. 接受幼儿园的活动指导，乐意和他人合作完成志愿者任务。

6. 遵守幼儿园纪律，言行文明，不带无关人员入园。

二、自愿者招募流程

1. 家长自愿报名；2. 班主任推荐；3. 幼儿园聘请（每班3—5名）。

三、报名方式：请到班主任处登记报名

如果您想感受与孩子们在一起生活的快乐与幸福，那就加入我们的家长志愿者团队吧！只要我们心连心、手挽手，团结互助，就一定能够把我们的孩子教育得更好、更全面！就一定能给孩子一个美好的童年！

我们热切地向您发出邀请！欢迎您加入我们的团队。

×××幼儿园

×年×月×日

（二）有参加愿望的家长填写申请报名表

申请表没有统一的形式，幼儿园可以根据自己的实际需求，设计适合的申请表。

表2-3 幼儿园家长志愿者申请报名表

班级	幼儿姓名	家长姓名	联系方式	参 与 项 目			
				辅助教学或组织活动	外出参观	安全巡视	其他

（三）家长志愿者参与工作的准备

在正式开展工作之前，家长志愿者要做好各方面的准备。首先，教师要给家长志愿者"备好课"。由于大多数家长并非专业的教育人员，缺乏与幼儿进行良好沟通的技能，所以教师对家长志愿者进行一定的培训是非常必要的。做好准备工作后，家长志愿者就可以"正式上岗"了。

（四）家长志愿者工作后的资料整理及反思

家长志愿者来园组织、参与活动过程中，教师要及时拍摄一些影像资料，为日后的交流、总结做好准备。每次家长志愿者活动结束后，教师要及时收集、整理相关资料。资料包括：文字资料（计划、活动记录、反思等）、物质资料（教具、学具、活动用品）和影像资料（照片、视频）。

（五）对家长志愿者进行及时的肯定和感谢

家长志愿者的工作是无偿的，他们发扬的是无私奉献的精神，这种精神和行为值得我们尊敬。教师可利用家长会等时机，对家长的付出予以肯定、鼓励；幼儿园也可以为家长志愿者颁发证书，感谢他们的无私付出，增加家长志愿者的自豪感、归属感和使命感。

三、家长志愿者的活动和内容

（一）组织型——家长老师

为了挖掘各行各业家长的职业资源和特长资源，丰富幼儿集体教育活动内容，扩展幼儿视野，培养幼儿多方面能力和兴趣，教师结合主题学习的需要邀请有特长的家长走进课堂，临时担任孩子们的老师，给孩子们上课，和孩子们游戏、讨论。这种活动以家长为主，教师为辅。"家长老师"活动对家长的要求相对高一些，幼儿园需要根据家长的情况来挑选合适人选（当然也可以家长自荐报名），决定家长在这次活动中承担什么任务。一般在教师的帮助下这样的活动大都能获得意想不到的效果，而且深受孩子们喜欢。

图2-38　爸爸妈妈担任老师

在"爸爸本领大"的主题活动中，老师希望爸爸们来到幼儿园组织活动，爸爸们听说以后纷纷踊跃报名来参加"家长走进课堂"的活动，为班级小朋友带来很多精彩有趣的内容，如：篮球健将、民俗民歌、飞机讲解、集邮等活动。让我们来看一个较为详细的案例：

活动名称

各种各样的邮票。

执教人员

×××爸爸。

活动目标

1. 欣赏各种邮票，感受邮票的丰富性和趣味性，了解邮票的基本特征和作用。

2. 体验自己设计邮票的乐趣。

活动准备

教师帮助家长设计教案并进行活动准备，准备好教学PPT、家长收集的邮票、绘画材料等。

活动过程

师：今天，我们请来一位特殊的老师，他是谁呢？我们有请×××小朋友的爸爸，欢迎他来给我们大家上课。

一、出示信件，引起幼儿兴趣

1. ×××爸爸：昨天我想寄一封信，可是邮递员说我的信封上少了一样东西，你们帮我看看，少了什么？

2. 小结：看来我真粗心，居然忘了贴邮票就跑去寄信了。

3. 小朋友们，你们见过邮票吗？谁来说一说，你看到的邮票上面有什么？

4. 小结：你们说的真不错，邮票主要是方形的，上面有各种图案，还有数字。

二、欣赏邮票，通过找相同和不同，了解邮票的基本特征

1. ×××爸爸：小朋友刚才说了各种各样的邮票，今天我也带来各种各样的邮票。我们一起看看常见的邮票都是什么形状的。

追问：仔细看看这些邮票的边上是光滑的吗，有什么？为什么要这么设计呢？

小结：我们常见的邮票都是长方形的，邮票的边上是锯齿形的，连起来的邮票之间打了很多的小孔，这些小孔便于我们用手一撕就能将邮票分开。等会

儿我们小朋友可以试一试。

2. 我们再来找一找邮票还有哪些相同的地方？

小结：邮票的右上角是中国邮政或英语"china"。这说明这枚邮票是中国发行的。

3. 这些邮票上哪些地方是不一样的呢？

小结：

（1）邮票上的图案多种多样。有的是动物、有的是植物、有的是人物、有的是建筑、有的是自然风光……真是包罗万象，特别漂亮。

（2）邮票上的数字不一样，2000—11表示这枚邮票是2000年11月发行的。（4—1）J表示这套邮票一共有4枚，这是其中的第1枚，还有第2枚、第3枚和第4枚。邮票可以用量词"枚"来表示，可以说一枚邮票、两枚邮票。

（3）邮票上的价钱不一样，那叫面值。也就是买这张邮票需要的价钱。比如邮票上标有30分，就需要3角钱。40分就需要4角钱等等。

三、了解邮票的作用

1. ×××爸爸：欣赏了这么多邮票，你们知道邮票有什么用吗？

2. 小结：邮票可以贴在信封上寄信，还可以收集一些好看又有趣的邮票，用于集邮，通过研究这些图案获得更多的知识，开阔我们的眼界。

3. 介绍集邮册：小朋友，喜爱邮票的人们会把邮票收集起来，专门放在一个本子里，这个本子就叫"集邮册"。小朋友们，你们想制作一本我们班自己的集邮册吗？

四、幼儿设计邮票

1. ×××爸爸：那我们就来设计一张属于自己的邮票吧！你可以画上你喜欢的动物、植物和人物，也可以画上你见过的比较漂亮的建筑，还可以画上一件有意义的事情。大家可以从桌子中间的纸上沿着小孔轻轻地撕下一张，用来设计邮票。

2. 幼儿自由设计邮票。

3. 将幼儿设计的邮票制作成一本"集邮册"，展示出来共同欣赏。

分析：活动前期，教师和家长多次沟通，明确活动的目标，修改和调整活动的过程，有效地提高了活动的趣味性和挑战性。这节活动在家长老师的参与下更加形象生动地向幼儿展示了邮票的特点，孩子们从认识邮票的用途、特征，到观察讨论，并设计邮票，整个活动表现出思维活跃，参与和互动积极性高的特点，可见活动充分地激发了幼儿学习和表现的愿望。活动中家长的组织，让孩子们耳目一新。家长在邮票领域的知识经验非常丰富，教学中有问必答，并且拓展出相关的知识经验，和教师的教学形成了有益的互补。

活动后，教师将×××爸爸的集邮册和孩子们设计的"集邮册"放在区域活动中进行展览，并且围绕"邮票"主题收集幼儿的问题，请×××爸爸每周五在离园前15分钟时，来到教室解答幼儿的疑问，这样更能鼓励幼儿对各种各样的"邮票"进行观察和思考，满足幼儿探索的愿望。

（二）配合型——活动助手

愿意在人力、物力等方面帮助幼儿园，如：为幼儿园提供无毒无害的废旧物品、种植的种子等，到幼儿园带着孩子共同参加种植、美化环境，协助教师组织各类亲子、家园互动活动，如：会场布置、摄影、维持秩序、为孩子化妆、大型活动检票等等。

春天，某班级开展了一次种植活动，小朋友的外公提前准备好了空心菜的种子和水果萝卜的种子，种植的花盆、椰粉培养土、喷水壶、小铲子等工具。活动当天，老师先请孩子们观察了空心菜种子和萝卜种子的不同，然后进行种植示范。随后给孩子们分工，有的小朋友负责松土和撒种，有的小朋友负责施营养

图2-39　小朋友体验"小园丁"的辛劳和快乐

土，还有的小朋友负责浇水灌溉，每位幼儿都有自己的任务，共同参与到了种植活动中，体验了一下"小园丁"的辛劳和快乐。

（三）服务型——安全助理

协助老师组织幼儿的外出参观、游玩等活动，保证孩子出行安全；来离园时段协助幼儿园维持安全秩序。

案例 2-13

　　某幼儿园坐落在新村里，校门前道路狭窄，行人、车辆很多，每天上学、放学时校门口总是道路阻塞、拥挤混乱，给孩子的安全带来隐患。虽然学校想了很多办法，但是都未能从根本上得到解决。自从征集了家长志愿者这支队伍以后，每天来离园的时候，家长志愿者戴着执勤标志和幼儿园门卫、值班老师一起分工，帮助进行车辆疏导和人员分流，校门口的拥堵问题得到很大改善。同时，家长们在服务过程中看到了学校工作的难处，学会了自律，学会了主动配合学校的工作，让学校今后的工作能开展得更加顺利、有效。

图2-40　家长志愿者帮助指挥交通

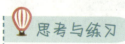 **思考与练习**

　　请设计一份家长志愿者的活动方案，并进行介绍。

第十节 家园沟通媒介

📍 学习目标

- 了解常见的家园沟通媒介有哪些；
- 掌握常见的家园沟通媒介使用方法。

案例分析2-16

在学期末的家长问卷中，有一个选项是"在幼儿园中，老师和家长的沟通密切吗？"有些家长的回答"是"，而有些家长的回答"一般"。

问：除了和老师面对面的交谈，你更喜欢哪种家园沟通媒介？为什么？

家长A：幼儿园家园沟通的途径很多，电话、网站、幼儿成长册，都不错啊。

家长B：在教室门口有家园之窗，我觉得蛮好的，每天接送孩子的时候很方便就看到了。

家长C：现在幼儿园有网站，在网上能看见孩子们的活动，让我们家长很放心。

家长D：我喜欢老师经常和我们沟通，无论哪种方式都可以，让我们知道孩子在幼儿园的表现。

分析：幼儿教育与家庭教育是相辅相成的，是一致的，是幼儿健康成长的一个必要条件，家园沟通也是班级工作顺利开展的保证。家园沟通的内容有很多，关于孩子在幼儿园和在家的行为表现、兴趣爱好、饮食习惯等都可以成为沟通的内容。家园沟通的方式也有很多种，除了利用家访、家长会和日常接待的时候和老师面对面的沟通外，还可以通过多种沟通媒介来进行。

传统的家园沟通媒介主要有：幼儿园的橱窗、电子屏、公告栏以及班级的家园之窗。前三种是公共的传统媒介，主要布置在幼儿园大门外、进门处、广场、走廊、大厅等公共区域，以便全园的家长随时了解幼儿园的各类信息，如：幼儿园的历史、办园理念、队伍建设、成果荣誉、检查宣教、会议通知以及各类公示（收费标准、为家长服务公约、卫生保健、一周食谱等），这些主要是从幼儿园层面来进行，呈现出一个幼儿园的办园特色和精神风貌，具有宣传性、实用性和教育性，但也具有单一性、时效性不够、互动性不强的缺点。而对于班级来说，家园之窗和幼儿成长册则是传统媒介中教师常用的。除此之外，随着现代通讯技术的发展，幼儿园教师和家长互动的新型媒介飞速发展，主要有幼儿园网站、班级论坛、QQ群、飞信群、微信群等。让我们具体来了解一下这些家园沟通媒介吧。

一　家园之窗

图2-41　家园之窗

　　在幼儿园的每个教室门口都会有一块版面，上面贴着近期班级的保教重点及活动安排、育儿知识等，这就是"家园之窗"。顾名思义，"家园之窗"就是幼儿园向家长展示保教工作的窗口，是家园沟通的桥梁，也是教师对家长进行教育的一个平台。"家园之窗"能密切幼儿园与家庭之间的联系，有助于达成家园共育的理想效果，有效地指导家长开展家庭教育活动，促进幼儿健康快乐的成长。

　　"家园之窗"的整个版面可根据幼儿园的要求分割成不同版块。一般可包括"本周活动、阶段目标、主题介绍、科学育儿、温馨小提示"几大版块。其中"本周活动"主要向家长介绍最近一周开展的各类活动，包含学习、生活、运动及游戏，能有效帮助家长了解幼儿园的各类课程设置；"阶段目标"主要向家长介绍每月的培养目标，力争和家长在对幼儿的培养目标上取得共识；"主题介绍"向家长展示班级最近开展的主题目标、内容和需要家长配合进行的教育内容；"科学育儿"是家园之窗中的互动版块，教师和家长共同摘录或分享交流一些优秀的育儿文章，为教师和家长提供一些优秀的育儿方法，让大家都能在教育中游刃有余；"温馨小提示"则承载着向家长传递各种信息的任务，方便家长及时了解幼儿园、班级的各类通知、关注活动等多方面的内容。

有些幼儿园也会根据学期的重点做有效的调整：如有的幼儿园正在开展以环保为主的研究，那么在"家园之窗"中也可体现幼儿园的特色，增加"环保天地"的版块，向家长介绍生活环保小常识或节能低碳的生活妙招等。同样，班级也可以根据自身特色活动增加一些版块，如"图书漂流"等。

"家园之窗"应该根据活动进展和幼儿园的要求及时更新，让家长了解到班级的最新动态。家园之窗的名字则可以让老师们充分发挥自己的聪明才智，各不相同，如："彩虹桥"、"家园连线"、"大手牵小手"、"家园直通车"、"家长园地"、"开心宝贝"等等。

 二、幼儿成长册

"幼儿成长册"也叫做"家园联系册"，它是孩子从事各种活动的成果记录，是家长、教师了解和掌握孩子发展状况的重要依据。其内容包括教师及家长对孩子的观察记录，孩子的作品、照片、日记，以及家长、教师对孩子的评价等各种信息。

（一）幼儿成长册在家园共育中的意义

幼儿成长册不仅对幼儿，对家长和教师都有积极的促进作用。

1.对幼儿的意义

首先，能让幼儿找到自己，认识自己，感受到被尊重。其次，能让幼儿看到自己的进步，得到鼓励，建立自信。

2.对家长的意义

首先，促使家长时刻关注孩子的成长变化，能客观地看待和评价自己的孩子，有助于家长将信任转化为责任，有效、积极地进行家园配合。其次，让家长在幼儿成长的过程收获惊喜、感动和信任。

3.对于教师的意义

首先，有利于锻炼教师观察幼儿发展进程的能力。其次，有利于教师

发现每个幼儿发展的特点和强项。

（二）成长册需要选择的内容及材料

1. 成长册的适宜内容

幼儿园及家长在为幼儿制作成长册时，应选择具有代表性的，能够反映当前阶段幼儿发展水平和特点的内容。小、中、大班各年龄段既有普遍规律，也有其不同的特点。

（1）小班幼儿的成长册：关注情绪情感、生活习惯和身体健康的培养，发现小班幼儿的兴趣需要和闪光点，关心和鼓励。

（2）中班幼儿的成长册：以社会领域为主，关注社会交往、身体健康、动手动脑等方面，反映幼儿的年龄特点，积极表扬和鼓励。

（3）大班幼儿的成长册：展现幼儿在各类活动中的表现和发展水平，关注大班幼儿的学习品质，反映幼儿的成长过程。

2. 成长册的材料选择

对于家长来说，每个幼儿的成长册都是独一无二的，而老师则要对收录进成长册的材料进行收集。一般来说成长册的材料不难收集，因为幼儿的作品几乎天天都会有，活动的照片老师也会经常拍摄，老师可将照片及作品收集在一起，以便日后整理及制作。但放进成长册的素材要遵循以下三方面的原则：

（1）材料要能反映幼儿能力的变化和发展。

（2）材料要能反映幼儿现阶段的真实表现和个性特征。

（3）材料还要能反映幼儿在幼儿园参与各类活动与特色活动。

图2-42　幼儿参与的有特色的活动可纳入成长册的材料

幼儿成长册不仅能够促进孩子富有个性的发展，而且能够促进教师的自我成长，也促进家园之间良好互动，给孩子美好的童年留下一串串成长的脚印，丰富孩子的生活和教师的教育活动。

以上介绍的是幼儿园自己制作的《幼儿成长册》，这种成长册虽然印刷不是很精美，但因其内容丰富翔实，很受家长的喜欢。这类成长册可以采用活页的形式，页码根据孩子出勤的情况进行增减，比较方便。也有一些幼儿成长册是市面上能购买到的，幼儿园可以挑选一种适合自己的。

三、新型媒介

我们正处于飞速发展的信息化时代，随着信息化技术的普及，幼儿教育中计算机的应用越来越多，继中小学校园网络的建设热潮之后，幼儿园也进入了网络建设的浪潮之中，校园网建设势在必行。因而，幼儿园的沟通媒介也逐渐引进了很多新的形式。

（一）幼儿园网站

在互联网上开通幼儿园的网页，家长只需用孩子的姓名注册后，即可上网浏览幼儿园的主页，从而了解幼儿园的各种活动。

（二）班级论坛

班级论坛是指在幼儿园的网站中划分的每个班级的独立空间。各班老师是班级论坛的版主，可进行发贴、讨论等活动。如：每周的活动安排、近期需要家长配合的内容、班级中开展的各项活动、活动的精彩瞬间等。家长也可在上面发贴、浏览及留言等。

图2-43　幼儿园网站

班级论坛是家园互相交流的地方，但要注意的是，老师应经常关注班级论坛，对家长的问题进行及时解答，若出现负面的消息及涉及幼儿园形象的相关问题，应及时上报并予以处理。

（三）QQ群、飞信群、微信群

这种群组是由老师或是家长发起的网络公共空间，教师和家长们可以在其间讨论各种问题，如：教育中遇到的难题、孩子的教养方式等。有时家长的一个小小的育儿问题会引起大家的讨论和集思广益。大家也可在上面传送文件、照片等。如：日常活动中，老师把通知和拍摄的照片发到班级群里，家长能第一时间了解孩子的情况。

这些新型的沟通媒介拉近了家长与家长、家长与老师之间的距离。有的幼儿园也逐渐开设官方微博、微信公众号等等。

在日常教育中，家长和教师应该利用各种途径不断互动，形成有效、良好的沟通，这样才能够促进家园间的密切合作。积极的家园沟通能够增加双方的共识，持续不断的沟通则可以促进幼儿的可持续性发展。

知识链接

◇ 由于教师带班时需要全心全意地面对所有的孩子，所以这时不应该用手机开展相关工作。发照片、回贴及回复家长的留言等须在不带班的情况下进行。

◇ QQ群、飞信群及微信群是教师根据班级情况及家长情况自愿组建的，毋须强求，建立班级群的前提是让沟通更加方便及时。教师要以身作则，把握好、管理好沟通时的大方向，营造积极向上、科学民主的氛围，展示专业性，提倡正能量。

思考与练习

1. 你喜欢哪一种家园沟通媒介，为什么？
2. 请为小班设计一个"家园之窗"的版面。

第三单元

幼儿园家长工作的策略

本单元主要围绕幼儿园家长工作的策略这一内容来展开。家长工作的策略来源于经验，再上升到理论，梳理之后总结成具体可操作的方法，有助于教师开展家长工作的时候灵活运用。这一单元的内容主要包含注重职业形象、关注家长需求、学会有效沟通、不断总结学习等几个方面。要重视这一单元的学习，并在实际工作中举一反三。

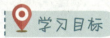

第一节 注重职业形象

学习目标

- 了解幼儿教师职业形象的重要性;
- 掌握幼儿教师仪容仪表包含的主要内容;
- 理解师德的重要性及注意要点。

在学习本节内容之前,请大家对身边 10 位非教师职业的人群进行简单的调查,调查内容:用 5 个词语来描述你喜欢的幼儿教师的形象。将被访者的描述记录下来,然后做简单的梳理,可按词语出现频率从多到少排列。

看到这些前面的词语,你是否对幼儿教师这一职业形象的特点有初步的了解呢?

 一 幼儿园教师的职业形象

"职业形象"是指与自己职业相关的个人形象(感观印象及评价),是自己从事职业工作时表现出来的形象。"职业形象"包括服饰、容貌、化妆、气质、魅力、风度、礼貌、语言等直观感觉的方面,也包括思想等内在的方面。因此,我们将"幼儿园教师职业形象"定义为幼儿园教师在幼儿园教育教学过程中所形成的在德、才、学识、体貌、性格等方面综合的独特风貌。

《幼儿园教育指导纲要》要求教师成为幼儿学习活动的支持者、合作者、引导者,成为有专业素养的专家型教师,标志着我国幼儿教育事业进入了一个新的发展阶段。教师不再是传统的知识的传递者,而更加强调了教师在教育过程中的主导地位,强调了教师的个人自我发展需要和职业定性。新时期幼儿教师形象这个名词的内涵在范围和层次上都得到了进一步的提升。

（一）塑造幼儿园教师职业形象的意义

1.良好的幼儿教师形象为幼儿树立了好榜样

模仿是孩子学习的第一步，幼儿教师是"幼儿生活以及各项活动"的组织者，幼儿教师的精神面貌、职业道德、行为模式、言谈举止、衣着服饰等无不潜移默化地影响着幼儿。作为幼儿教师的我们一定要为幼儿塑造良好的模仿环境。所以，塑造良好的幼儿教师形象就显得尤为重要。

许多家长常常感慨："我的孩子宁可听老师的话，都不听我的话。"为什么？只因为在孩子心中非常在意老师的言行。因此，幼儿教师必须提高自身的素质，加强职业道德修养，为人师表、以身作则、严于律己。不仅仅体现在课堂上、游戏中，而更应体现在与幼儿相处的分分秒秒里，体现在生活的每一个细小的

图3-1　老师的言行对幼儿无时无刻不产生影响

环节里，甚至体现在人生的每一个阶段，每一种场合。

2.良好的幼儿教师形象有利于家园合作

幼儿家长是幼儿园的合作者、评价者，更是幼儿园声誉的传播者，做好家长工作是幼儿园工作的重中之重。树立良好的教师形象，不仅是保持良好的仪表形象，还有对幼儿的爱、照顾，对家长的尊重、理解、重视等，这些都是赢得家长信任的重要因素。获得家长的信任，才能更好地进行沟通；家园一致，才能为了孩子更好的发展而共同努力。

其次，虽然家长对幼儿起着至关重要的作用，但并不是所有的家长都懂得如何教育孩子。因此，幼儿教师的家长工作中也需要对家长进行指导。教师必须具备丰富的专业知识和经验。这包括广博的科学文化知识，幼儿教育的专业理论知识，还有教育幼儿的实际经验等多方面的内容。这是指导家长工作的重要保障。因此，塑造良好的教师形象对指导家长工作也有着重要的意义。

3.良好的幼儿教师形象有助于塑造良好的幼儿园形象

所谓的幼儿园形象是指"社会公众对幼儿园进行综合评价后所形成的总体印象"。塑造良好的幼儿园形象是幼儿园面临教育观念转变、教育需

求的多样化、幼儿心理发展特点的需求等一系列问题所做出的必然选择。塑造良好的幼儿园形象对幼儿园的发展有着非常重要的意义。而幼儿教师的形象不知不觉反映着幼儿园的形象，很多家长是通过对幼儿教师的评价来判断一所幼儿园的品质的。

构成教职工形象的主要因素有：敬业精神、教养水平、学识能力、仪表风度等。所以幼儿教师必须塑造良好的形象，保持良好的礼仪，展现文明的行为举止，以优良的工作表现赢得幼儿、家长及其他社会公众的赞同。

（二）仪容仪表

案例分析3-1

每天来离园，幼儿教师都会接待家长，和家长围绕"孩子"这一话题说上几句。每学期幼儿园和班级会组织各种各样的家园共育活动，向家长开放半日活动等等。这时候，家长们都会更加关注到教师的仪容仪表。

问：你喜欢怎样的幼儿园老师？

家长A：简单大方，平易近人，有亲和力，家长才更愿意把孩子交给她。

家长B：看起来要充满活力、阳光，衣着可以鲜艳些。

家长C：为人师表，老师就应该有老师的样，太时尚、前卫的装束，在工作中会带来很多不便，毕竟幼儿园的老师在很多事情上都要亲力亲为。

家长D：幼儿园的老师在服装上应该大方、得体，色彩还可以再强些，有时可以卡通、可爱点儿，尤其是小年龄段的孩子很喜欢这样的老师。

家长E：幼儿教师的仪容仪表还是很重要的，幼儿都喜欢美丽的教师！

分析：从上面的案例中，我们可以看到，教师的仪容仪表不仅代表个人形象，更代表职业形象，它是教师职业的基本规范。幼儿教师作为家长最信任的人，良好而专业的仪容仪表才能让家长认可你、支持你。

因此每一位幼儿教师都应注重并规范自己的仪容仪表，既兼顾到工作的方便和职业的特点，又给家长留下简约、踏实的好印象。

接下来，让我们一起学习有关"幼儿教师的仪容仪表"的知识吧。

仪容，通常是指人的基本外观，重点是容貌、神态，包括头发、面部、化妆、表情、姿势、形态等。仪表，通常指人的仪态、风度、举止、态度等。

　　适宜的仪容仪表不仅体现教师对幼儿的尊重，获得幼儿的喜爱，还能赢得家长的尊重和信赖，同时提高教师的自信。幼儿教师的仪容仪表在工作中主要体现在以下两个方面：

　　1. 日常带班工作时，幼儿园教师的仪容仪表体现了幼教专业性，让家长更放心

　　（1）在园期间，衣着应色彩明快、活泼大方、舒适得体，便于伸展、下蹲等动作，样式以运动服为好。

图3-2　幼儿教师的着装要便于伸展、下蹲等动作

　　（2）发色自然不夸张，头发宜短，刘海不宜过眼眉，确保不挡住视线和影响幼儿。长发超过颈部的，应该将头发束起，方便工作。

　　（3）勤剪指甲，不涂鲜艳的指甲油，无刺鼻香水味。

　　（4）备一双运动鞋或平底软鞋，这样就不会在运动的时候因高跟鞋而扭伤脚踝、不会在卧室因皮鞋走路的声音影响幼儿。而且一天站下来自己也不会感觉太累。

　　（5）衣着"三不宜"：衣服领口不宜太低太大；单上衣不宜过短；裙子、裤子不宜太紧、太短，要方便下蹲。

　　（6）不戴首饰，尤其不要佩戴胸针、有长坠的项链、手链、耳环，也不要戴戒指，以免不慎刮伤孩子稚嫩的肌肤。

知识链接

　　教师的着装还应和季节相符合。在换季时，不可操之过急而换上不合适宜的服饰。曾看过这么一篇文章：在初春，乍暖还寒，教师就已经迫不及待地穿上了薄裙。第二天，教师就发现班上有五六个女孩都穿上了薄薄的裙子。第三天，有几个孩子生病了……可见孩子年龄小、模仿性很强，因此，作为幼儿教师，平时要注意自己的穿着打扮，时时都要想到会给孩子带来怎样的影响。

　　2. 开展家长工作时，幼儿园教师的仪容仪表体现了个人修养，让家长更信服

　　（1）妆容自然，面带笑容，富于亲和力，自然地和家长交谈孩子的表现。

　　（2）站姿端正，自然挺拔。手势自然、力度适中。不抱手、叉腰、手插口袋、食指指人等。注意正确的坐姿，不要跷二郎腿等。

　　（3）交谈姿势自然亲切。和家长交谈以站姿为主，对幼儿可采取对坐、蹲下、搂抱等姿势，尽量与交谈方保持相应的高度。

　　（4）在幼儿园的家长开放活动中，教师可以统一穿着幼儿园的园服，既展现园所文化风貌，又能方便家长在活动中一眼看到教师。

知识链接

　　◇ 教师的服饰应该以稳重为主，不应过于夸张；还应该与自己的年龄、性别和性格相符。注意因时、因地、因场合的变化做相应的调整。

　　◇ 与家长交谈时，要注视着家长的眼睛，尊重对方，学会倾听，不轻易打断对方的谈话，距离不应过近或者过远。以体现教师对孩子的关切、对家长的真诚。

　　◇ 在接待、展示活动中，尤其要注意自己的站姿或坐姿，特别是穿着裙子的时候。

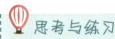

思考与练习

1. 幼儿教师的仪容仪表和别的职业相比有什么不同？
2. 给自己设计一套幼儿教师的职业形象，并进行介绍。

 二、 幼儿园教师的师德

班级里总会有一些顽皮的、"自说自话"的孩子：当教师正津津有味地给孩子们讲故事的时候，一个孩子不停地打断你，于是故事讲不下去了；自由活动的时候，为了一件小玩具，两个男孩打了起来；在卫生间排队洗手的时候，有个孩子边洗手边玩水，衣服袖子都弄湿了……当遇到这种情况的时候，你会怎么样？

教师A：不认为幼儿插嘴会打乱教学秩序，教师要能因势利导。

教师B：对经常做错事的幼儿不放弃信任，给他改正的机会。

教师C：幼儿做错了事，总是有原因的，要尊重幼儿犯错误的权利。

教师D：面对幼儿出现的问题，不应暴跳如雷、火冒三丈，而是理智地采取耐心说服的方法，注意控制消极情绪和冲动行为。

教师E：不采取粗暴的方式去指责犯错误的幼儿，而是帮助寻找原因，提供具体的正确的指导。

分析：从上面的案例中，我们可以看到：每位幼儿有自己的个性特点，教师不应该强求所有的孩子都要乖巧听话、要求所有的孩子都一个样，面对不同的孩子需要的是更多的宽容和理解。幼儿可塑性大，模仿性强，教师的一言一行、一举一动都会对他们起到潜移默化的作用。甚至幼儿教师的道德水平，也影响着幼儿的道德水平。

　　"师德"是指幼儿教师在从事幼教过程中形成的比较稳定的道德观念和行为规范的总和。它在教育过程中不断地调节着教师与幼教事业，教师与孩子、家长以及其他教师和工作人员之间的关系，不断地推动着教师提高自身的职业素质，完善自己的道德品行，升华自己的道德境界。

图3-3　课堂中的老师

　　陈鹤琴先生的《活教育》中指出，幼儿教师应做到：笑嘻嘻和蔼可亲；声音悦耳；说笑有礼，多鼓励；低音清晰；行动轻快；立得笔直，笑得挺直；衣服整洁，面目清楚；态度从容；精神饱满；创造能力；健康；快乐、乐观；研究精神；乐业；互助合作；慈爱；负责；教学有技能；了解儿童心理。

（一）幼儿教师师德高尚的表现

幼儿教师的师德高尚表现在以下方面：

（1）热爱、尊重、关心幼儿。

（2）钻研教育教学，提升业务能力，有创新精神。

（3）以身作则、言传身教。

（4）有事业心、责任感。

（5）为幼儿的个性发展创设和谐宽松的氛围。

（6）与家长联系，全面了解幼儿，达到家园共育。

（7）关心集体、同事之间团结协作。

（二）幼儿教师切忌出现的行为

作为幼儿教师，切忌以下行为：

（1）体罚及污辱、谩骂等变相体罚幼儿。

（2）偏爱、"势利眼"、对某些家长和幼儿有偏见。

（3）教育教学不认真，工作敷衍了事，活动前准备不充分，教育方式单一，方法简单粗暴。

（4）用言语暗示家长，向其索要物品，对不同身份家长态度不一。

（5）教师在教育教学工作中，带着自身情绪色彩，有时迁怒于幼儿；或将不良情绪带到工作中，不能以饱满的精神热情地接待幼儿。

（6）对幼儿身心发展的变化漠视，不尊重幼儿的意见，随意"命令"幼儿做事，缺少与幼儿的交流。

（7）不重视保育，尤其是对小年龄幼儿生活照顾不周。

（8）不遵守幼儿园的规章制度。

知识链接

1. 尊重每一个孩子，蹲下来和孩子说话，交流时看着孩子的眼睛。

2. 真心诚意地关心每一个孩子，保护孩子的自尊心，让孩子做他们爱做的事。

3. 师爱是建立在专业的基础上，要智慧地爱每一个孩子。

4. 对于一些家长送礼、送卡、请吃请玩的行为一定要婉言谢绝，不能因此而失去教师的底线。

图3-4 真心诚意关爱每一个孩子

思考与练习

请举例说明：如何做一名师德高尚的幼儿园教师。

第二节　关注家长需求

学习目标

- 关注家长需求的常规方法和步骤；
- 对待特殊家长需求的策略。

我们要换班

　　周一一早，平平的妈妈就来到了园长办公室，她说平平班级的两位老师不喜欢自己的孩子，甚至还有歧视。现在因为一件事家长和老师已经产生了矛盾，今后老师可能对孩子更不好，因此她向园长申请给平平换个班。园长仔细听了家长的诉求，简单安慰后告诉家长如果不是极其特殊的原因一般是不轻易换班的。她答应尽快向老师了解情况，然后再给予答复。

　　之后园长来到班级，两位老师很委屈，她们反映：平平是个特殊儿童，在班级里不仅不能听指令正常活动，还经常会危害自己和别的孩子，为了保证安全，老师经常会对家长提一些要求，可是家长不仅不承认，也不配合老师，还一个劲说是自己孩子太小不懂事。也许觉得老师"告状"多了，平平的家长心生压力，认为老师太严格不够宽容而想换个班算了。园长在班级里仔细观察了平平的表现，又向老师了解了平平家里的情况，然后决定上门和平平的家人谈一谈。

　　在平平的家里，园长观察到平平的确有一些特殊的问题，家长有点意识到但却毫无办法，甚至也有些逃避的心理，教师的要求又让他们倍添烦恼。

于是园长向家长举了一个例子，说明以前幼儿园也有一些和平平差不多行为的孩子，通过专家的指点，在父母和教师共同的努力下，班级孩子们也在日常帮助关心他，最终孩子获得不断进步，正常升入小学了。最后园长说，为了孩子能健康成长，大家都应该尽弃前嫌，不计较日常的小矛盾，共同帮助孩子才是最重要的。家长终于答应了不再给平平换班，并会配合老师进行教育。同时，班级教师也理解了家长的苦衷，从专业的角度给予孩子更多关爱和帮助。

半年以后，家园关系得到缓解，一年之后，平平的外公还写来了感谢信，感谢老师和幼儿园对平平的精心照顾。现在，平平不适宜的行为大为减少，基本上能正常融入班级活动了。

分析： 我们发现一个趋势，的确有更多特殊孩子进入到幼儿园中。一般这些孩子的家长不能意识到问题的严重性也不愿意去进行鉴定、寻求帮助，甚至认为孩子大了会好的。也有的害怕一旦鉴定是事实会给孩子扣上一顶帽子，要么被幼儿园拒绝，要么会被教师和其他孩子歧视，于是也不愿意去看。而事实上他们又不能改变孩子的现状。在这样一个矛盾的漩涡中，如果家园双方都不能坦诚相对、直面问题，就会发生很多诸如案例中的投诉现象，极端的家长就会来要求换班等等。作为管理者，园长不能偏听偏信，轻易就答应家长的请求，也不能完全站在教师的一方批评家长，而是应该调查清楚后再拿出解决问题的方案。

能处理好类似案例的极端投诉得益于以下的一些策略。

 仔细倾听家长的需求

"倾听"，是一门技术，更是一门艺术。做为人类灵魂的工程师，学过心理学的老师们应该明白"倾听"的重要性。幼儿教师不仅要会"倾听"孩子，也要会"倾听"家长。当然，对后者的倾听挑战性更高一些。因为孩子毕竟不太懂事，教师会给予更多宽容，而对于家长，教师会不由自主带有主观猜测。因此，学会倾听家长需要注意以下几点：

（一）让家长先说，耐心等待家长说完

对于事情的经过让家长说得越具体越好，甚至教师可以根据家长的述说追加一些提问，让家长把细节也讲清楚。不要轻易打断家长，以免打断家长的思路。这样做的好处是能让教师清楚了解事件发生的全貌，有助于客观分析做出理智的判断。

（二）让家长宣泄，保持冷静客观

通常，家长在述说的时候会带着情绪，讲到激动的地方可能也会有不合适的言论和激怒人的语气，这时候教师一定要保持冷静，学会换位思考，接纳家长的情绪宣泄，客观分析造成这样一种状况的原因。千万不要试图扭转家长的观点，因为这个时候一语不合就会争吵起来，把事情推向更糟的境地。这样做对于常人尤其是当事教师来说的确很困难，但好处是家长宣泄了以后情绪会平复很多，有利于矛盾的解决。

（三）安慰家长，予以适当的引导

当家长说清了情况也进行了宣泄以后，教师可以安慰一下家长，然后用真诚的语言表述自己看到的和想到的，客观描述，不带过多感情色彩。让家长感觉到老师不偏不倚，能站在他们的角度思考问题。很多时候家长得到了安慰，听到了老师真诚的致歉火气已经消了大半。然后再向家长说明这些情况在孩子身上、在幼儿园中经常会遇到，请家长相信最终问题都能解决。而简单的换班、扣教师工资、通报批评、网络传播等并不是解决问题的好方法，一不小心反而会伤害到孩子，不利于孩子的身心健康成长。

知识链接

1. 仔细倾听建立在"将心比心"的基础上，要有同情心和同理心，但如果家长有过激思想则不能完全认同，尤其是不能认同其极端的想法和做法。

2. 倾听的地点可以尊重家长的意愿。有的家长因为对教师失去信任不愿意来到幼儿园沟通，可以和家长商量是去家里，或其他安静的地方。

家长工作，尤其是与家长沟通要积极而主动。在日常工作中，一个班级有那么多孩子，老师不太可能每天都面面俱到和每个孩子的家人进行一对一沟通。正常的情况下，老师会不由自主关注那些表现出色或顽皮的孩子，而对于大部分乖巧的、沉默内向的孩子会有所忽略，这也就是我们常说的"关注两头、忽略中间"的情况。而家长如果没有

图3-5 主动向家长告知孩子的情况

特别的问题，或者不想和老师产生分歧，通常也不会主动来找老师。久而久之就会造成教师忽略部分孩子、与这些孩子的家长疏于联系的情况出现。当有一天这些家长积累的情绪因为某件事突然爆发了老师还莫名其妙、难以理解。这都是家长工作被动造成的后遗症。教师要注意从以下三个方面去主动与家长沟通：

（一） 做一张记录表，有计划地和不同的孩子进行沟通

如：每天关注一位孩子，重点观察他、关心他，和他聊天，然后向家长主动介绍孩子的情况。一个月下来，班级的每位孩子和家长教师都能关注到了。这能不知不觉提升教师的观察能力、与不同家长打交道的能力。要避免因为过多关注某些孩子而忽略大多数的情况。主动告知家长孩子的情况，要注意"多报喜，巧报忧"。现代社会年轻父母工作忙碌，压力也很大，如果来接孩子的时候听到的多是孩子进步、表现优秀等好消息，势必会心情愉悦，对孩子也会更多表扬和鼓励，无形中强化了孩子好的行为；而对于孩子打人、做坏事等不好的行为，不要简单告状，更不要拿孩子和别人去对比说明，以免家长迁怒于孩子、责骂孩子。

（二） 重要的、特殊的事情要在第一时间主动告知家长

特殊的事情包括：孩子在幼儿园呕吐、发烧、被欺负、受伤等等，尤其是对幼儿身心产生了影响的事情。由于这些事情比较特殊，对孩子的身心发展很重要，因此教师不要拖延，更不能隐瞒和推诿。及时告知让家长能清楚知道事情的原委，理解教师的苦衷和做法，也能原谅可能做得不到

位的地方。如果家长下班时才知道，或者通过别人才知道事情的发生，则会对教师的责任心、爱心和事情的真相产生质疑。等到家长来问教师再解释就会很被动，甚至得不到谅解。

（三）更多关心特殊幼儿和特殊家长，既要主动，又要有耐心

"特殊幼儿"主要指身体和心理有问题的孩子，如：自闭症、发育迟缓、口吃、矮小症等随班就读幼儿。"特殊家长"主要指特殊幼儿的家长和脾气性格与众不同的家长。特殊幼儿由于身心的原因容易出现特别行为，打乱班级常规，也容易招来其他家长和幼儿的"另眼相看"，教师一定要保持爱心和耐心，并要引导其他孩子和家长一起关心特殊幼儿，打消特殊幼儿家长的疑虑。而对于那些脾气性格与众不同的家长，教师首先要分析这些家长的情况，以寻找对策，主动拉近距离。其次班级的两位教师还可以针对不同脾气的家长采取分工与合作的方法，及时交流和沟通。注意要分工不分家，及时交流情况，商量好了之后口径一致、方法一致。

知识链接

1. 万一当天教师忘了和家长沟通特殊事件，最好想到了就及时打电话和家长说清楚，避免夜长梦多。家长也会为教师下了班还关心孩子而心怀感激、予以理解。

2. "特殊孩子"的问题如有可能应该求助于相关领域的专家，让专家帮助家长和幼儿园一同来解决，这样更具有专业性。

案例 3-1

多多改变记

小班幼儿多多是个活泼可爱的孩子，可是老师发现多多越来越不遵守幼儿园的规则了。游戏的时候多多经常和别的孩子争抢玩具、抓人；洗手的时候把毛巾扔进垃圾桶；运动的时候一下子就跑到老师看不到的地方去了；学习的

时候总是插嘴、不举手就大声说话，在老师和小朋友面前走来走去，什么都要抢先。老师对多多提要求、讲道理都没什么用，于是向多多的父母了解情况。多多父母说他在家里经常和哥哥争抢，但做坏事的时候会受到父母的责罚，大冷天被关在门外或者给他戴上白手套不能玩玩具等等。老师听了以后觉得问题很严重，猜测多多是不是有什么问题，可是她们又找不出更好的办法来解决，于是就告诉园长。园长知道班级老师都是有经验的干部，家长的教育方法明显有问题。她明白老师们遇到难题了，于是特地去邀请了研究特殊儿童的专家来园进行帮助。

图3-6　多多经常和哥哥争抢，让家长也很头痛

　　专家约了班级老师、多多和父母一起聊天，专家一边观察多多一边请老师和家长分别客观描述多多的具体行为，再请他们分别说一说遇到多多的这些行为时他们是怎么对待多多的。最终专家发现：多多其实是个聪明、会看脸色的孩子；虽然家中有个哥哥，但顽皮的多多日常一直被父母宠爱有加，在幼儿园中老师也是以说理为主，温和地对待他。可是多多一旦做了不好的事情父母就会用极端的方式惩罚他，这样就不知不觉造就了多多散漫自由、无法无天的个性，就像他自己说的那样："我不知道什么是对的，什么是错的。"于是专家先表扬多多能够安静倾听大家的谈话，不随意影响大家；接着专家对老师和家长提了一样的要求：一旦多多有不合适的言行，要在第一时间严肃地告诉他这样是不对的，甚至可以对他举一块写着"×"的牌子。而多多如果有了好的行为也要第一时间高兴地表扬他。

　　过后专家说多多并没有身心方面的疾病，但他非常会察言观色，成人一定要对多多的行为有明确的态度和方法，家园一致共同教育。

　　一个月之后，专家询问多多的情况。老师说多多在幼儿园极端的行为已经几乎没有了，不遵守规则的情况也少了很多，他开始在学习逐步控制自己的不良行为。而家长也反映多多在家中和哥哥争抢的次数逐渐在减少，显得有些懂事了。看来专家的建议是有效的。

　　对于多多这样特殊的孩子，鉴定其身心没有特殊疾病后应该有科学的、相应的措施给予老师和家长，让这个年龄段的孩子逐步形成良好的规则意识和与人友好交往的能力是非常重要的。

三 客观对待家长的不合理要求

有时候，教师会遇到一些不讲理的家长，有的是不遵守幼儿园的规章制度，如不带接送卡、在幼儿园抽烟、总是迟到等；有的是野蛮素质低，不尊重老师、不听从劝告；还有的自认为学历经济地位高而不把老师放在眼里，随意指责等等。遇到这些家长往往让老师觉得很委屈，自己对孩子那么好、倾心付出，却得不到家长的理解和尊重。有时候家长为了自己的孩子能获得更多关注，甚至会向老师提出不合理要求，如：更换座位和床位、获得表演名额、担任班长等等，遇到这种时候，老师千万不要意气用事，而是需要采取一些合适的策略。

（一）平心静气、不亢不卑

首先教师要注意面对这些家长的态度，内心沉着冷静，表面则要心平气和，既不因家长的无理而失去耐心，也不因不如家长而感到卑微。教师，是太阳底下最光辉的职业，是塑造人的职业，是值得尊敬的。因而无论遇到什么样的家长或者什么无理的要求，教师都应该有礼有节，守住原则和底线，平等、公正地对待每个孩子。这样的教师会从心底里散发出庄重的气质。面对冷静有礼的教师，家长会不知不觉控制自己的不合理行为。如果教师能够随机应变，机智地进行处理则会起到四两拨千斤的效果。

案例 3-2

图3-7 门卫劝家长灭掉烟

该不该抽烟

有一天，门卫生气地向园长反映一个情况，上午来园的时候大班幼儿雯雯的爸爸抽着烟进来，门卫劝他把烟灭掉他不听，还硬闯进园，扬言要到园长室告门卫的状，说门卫动手。园长知道这位家长文化素质不高，她没有主动去找家长，而是想等雯雯爸爸来告状的时候趁机教育他。

过了几天，雯雯爸爸来找园长了。此时园长正和老师在谈话，她眼角瞥见雯雯爸爸手里正拿着烟，于是假装没看到，请雯雯爸爸等她跟老师把话说完再接待他。眼看雯雯爸爸烟抽完了扔在地上用脚踩灭，园长正好和老师谈完了话。她邀请雯雯爸爸到接待室去。突然，园长像偶然发现了烟蒂一样叫了起来："啊，这里怎么会有烟头？谁在幼儿园抽烟！这多危险，幼儿园是禁烟的！万一引起了火灾可不得了，孩子们就危险了。"说着园长弯腰去捡烟头，雯雯爸爸一看赶紧抢在前面把烟头捡起来扔进了垃圾桶。园长假装不知道是雯雯爸爸扔的，继续对他说："雯雯爸爸，您是做保卫工作的，知道幼儿园的安全最重要了，您看，这是禁烟标志，上级要求我们张贴在显眼的地方，我们每学期还做紧急疏散演练呢。您觉得我们做得怎样？还有哪些不完善的地方？"雯雯爸爸听了脸一阵红一阵白，他赶紧随声附和："对啊，幼儿园小朋友的安全最重要了，大家都要配合！"他假装咳了两声匆匆聊了几句就告辞了。

从此以后，门卫再没来说过雯雯爸爸进幼儿园抽烟的事情。又有一次，家长开放日当天，园长看见其他家长都在班级里看孩子们活动，唯独雯雯爸爸匆匆离开班级往外走去。老师眨眨眼告诉园长，雯雯爸爸烟瘾犯了很难受，知道园内不能吸烟就跑出去了……

（二）专业说话、以理服人

其次，要注意方法。俗话说：有理走遍天下，无理寸步难行。虽然有的家长学历比教师高，但教育孩子的经验和能力未必强于教师。这些家长多半只有理论并无实践，而教师是实践的专家，应该真诚地和家长进行沟通，向他们介绍孩子的年龄特点，举例说明一些孩子中的案例，让家长了解到教师具有丰富的教育经验，都是为了孩子的健康成长。教师用自己的专业理论和家长进行沟通，相信能得到家长的理解和尊重。

案例 3-3

幼儿是主体、教师是主导、家长是主力

王老师班级悦悦的外公是位科学家，在班级里上到《春天》主题的时候王老师特邀悦悦的外公来园担任"家长老师"，悦悦外公带着孩子们在班里开展种植小实验。家长们知道后纷纷赞扬这个活动很有意义，大家学着悦悦

图3-8　幼儿园的种植地成为了孩子们的爱心园

外公的样子在家里和孩子一起种植，大家还在家长会中热烈讨论、互相取经。

　　植树节那天，老师设计了年级组的"亲子种植"活动，让更多家长参与进来，孩子们和家长们一起在幼儿园的花坛里种上了四季都能开花的种子；后来，老师们和家委会园林组的家长一起，把幼儿园的种植地也开辟出来了，全园的孩子都参与到了种植各种蔬菜、水果的活动中。现在，幼儿园的花坛、种植地和班级的自然角成为了孩子们学习的爱心园和试验田，幼儿园四季植物郁郁葱葱，花香四溢、瓜果飘香。大家纷纷赞扬这样的活动，悦悦外公真诚总结：在幼儿园的学习中，要"以幼儿为主体"，家长不要怪孩子不配合；"以教师为主导"，幼儿园教师有学前教育专业知识和经验，家长应该虚心听取幼儿园老师的建议；"以家长为主力"，家长爱自己的孩子，愿意为自己的孩子尽力，在老师的指导下，家长们就成了有统一目标的"主力军"了。

（三）制度落实、合作共赢

　　有些家长不遵守幼儿园规章制度，其原因主要在于这些家长不理解幼儿园的做法，因此还需要建立制度，或者发放告家长书等来保障制度的落实。幼儿园不仅有教育孩子的职责，同时也有指导家长的任务。幼儿园既需要公示《为家长服务公约》，也需要公示家长须遵守的规章制度。让家长明了权利和义务的对等，明白幼儿园的规章制度是为了保护幼儿的安全和健康，任何人都应该遵守。当家长和教师、幼儿园达成了默契，建立合作共赢的思想，将有力地促进孩子的健康成长。

77 9

大型玩具怎么玩

幼儿园新添了一个具有挑战性的大型玩具，由于大型玩具安装还不到位，于是幼儿园把大型玩具围了起来并告诉孩子们暂时不能玩，需固定好了再玩。可是老师们发现，放学的时候有的孩子忍不住去玩，家长也不阻止，玩具转盘都倾斜着在转还都无所谓。大家都觉得这是极大的安全隐患，园长连忙利用家长会的时间向全园家长进行安全教育，幼儿园给每位家庭发放了《告家长书》，并在围起来的大型玩具周围张贴了安全告示。放学的时候，行政值班教师和家委会志愿者一同加强对大型玩具的巡视和安全教育与宣传，终于让所有的孩子和家长都明白了安全的重要性，幼儿园也得以利用充足的时间请玩具厂商把大型玩具固定好了。

图3-9　大型玩具投入使用前必须安装固定好

日常多关注家长的需求，倾听他们的声音，主动告知孩子的情况，会拉近家长和教师的距离，让家长感觉到教师对孩子的关心，对教师产生依赖和信任，有些小矛盾便能在日常化解。甚至老师有做得不到位的地方也能得到家长的理解，也就不容易产生极端矛盾和投诉了。以上策略，需要在日常工作中仔细体会，不断积累经验教训。

知识链接

1. 不要和家长面对面起冲突，要把孩子的安危、教师的职业形象放在首位，否则会影响孩子的心理健康和幼儿园的形象。

2. 如果遇到家长投诉请保持冷静，及时和领导说明情况，反思问题，积极寻找解决问题的办法。

 思考与练习

1. 根据本节内容，说说关注家长需求的重要性是什么？

2. 如果遇到家长要求给孩子换座位或者床位，你会怎么和家长进行沟通？

学会有效沟通

 学习目标

- 与不同人员沟通的侧重点是什么；
- 理解与不常见面家长沟通的重要性；
- 了解特殊情况沟通的一些方法。

在幼儿园的日常家长工作中，老师们常常会感到与家长沟通是开展家园共育最重要的一个方面，直接影响家园合作的效果。但是在实际工作中，教师感到对于与不同家长沟通的重点和策略是什么，遇到特殊情况该怎么沟通还是比较困难，这的确需要好好学习。

案例分析3-4

情景回放一：

新的学期开始了，小班教师们发现不少孩子的生活自理能力退步了，上学期会自己吃饭、自己穿衣服的小朋友们现在一动也不动地等着老师来喂饭、穿衣服。这是怎么回事呢？老师们仔细分析原因，发现原来是寒假里爸爸妈妈要上班，请爷爷奶奶在家里照顾孩子。因为担心自己把孩子养瘦了、孩子不开心了，爷爷奶奶每次都希望孩子多吃一口饭，他们不仅让孩子边吃边玩，有的还追着给孩子喂饭；穿衣、收玩具等也都由爷爷奶奶代劳了，就怕孩子不开心。

情景回放二：

有一次年级组老师们讨论的时候，马老师提出一个现象：我们班级孩子爸爸都不管孩子的，家长会是妈妈来开、亲子活动也是妈妈或外婆、奶奶来参加的多，就连早上送孩子上学也很少见到爸爸来送孩子。其他老师听了以后也纷纷表示的确有这样的现象，老师们日常很少看到爸爸们的身影。

情景回放三：

午餐时，张老师说起一件事：我们班级的二胎宝贝现在每天都是保姆接送，他爸爸妈妈工作实在太忙了，家中也没老人帮他们带。甚至这次家长开放日居然也是保姆来参加呢！日常几乎没法和保姆聊聊孩子的情况，她也不懂。我们有时候联系不到孩子的爸爸妈妈，只能在来离园的时候请保姆把消息带回去给家长，也不知道她带回去说清楚了没有。其他老师听了以后，有的说起班级中保姆照顾得多的孩子在幼儿园中发展都显得一般，尤其是个性上比较内向、不善交往等等。

分析： 情景一是由于假期爸爸妈妈上班，在家里孩子大多由老人带，老人习惯去包办代替，造成了孩子的自理能力有所下降。其实不仅是这一个案例，幼儿园中普遍存在祖辈带的孩子自理能力较差的问题。

情景二也是现在不少幼儿园的普遍现象，孩子的教育妈妈管得多，爸爸管得少，幼儿园的事情也大多是妈妈参与。

情景三在幼儿园中也是较常见的，那些没有祖辈帮忙、有多胎孩子的父母只能请保姆帮助带孩子，这也给家园及时沟通、家园一致教育带来很多问题。

根据上述案例的描述，我们明白其实与祖辈、父辈和保姆的沟通是要有所不同，且各有侧重的，让我们在了解原因的基础上学习一些相关策略。

一 与祖辈、父辈、保姆的沟通策略

（一）祖辈带孩子的三大特点

1. 给家庭和孩子带来诸多益处

由于现代生活节奏加快，竞争日趋激烈，很多上班族父母没有充足的时间和精力来教养孩子，而令人满意的保姆也比较难找，所以为了帮助自己的孩子解决困难，许多祖辈家长义无反顾地承担起了帮助照看和教育孙子、孙女的重任。隔代教育解放了年轻的父母，让他们没有后顾之忧，专心干事业；由于祖辈有教养孩子的一些经验，隔代教育也给了孙辈的孩子们更多的爱和细致的照顾。

2. 隔代养育的矛盾比较突出

由于祖辈和父辈的生活年代、文化背景、学历经历和个性脾气均不同，不可避免地导致两代人在日常生活习惯、教育观念与方法等方面产生分歧，于是两代人对孩子的要求不一致就会造成孩子有"两面派"的倾向，不利于孩子形成明确的规则意识和稳定的行为习惯。

图3-10 祖辈带孩子对现代家庭有诸多益处

本来家庭有冲突和矛盾是正常的，解决矛盾的过程对孩子来说也是生活的过程，具有教育意义。可是有的妈妈会对孩子说："别听奶奶的，她的观念过时了。"也有的奶奶对孩子说："别听妈妈的，你爸爸小时候就是奶奶教的，奶奶都是为了你好。"这样的方式不仅不能解决问题，反而让祖辈和父辈之间失去了理解与信任，长此以往，不利于孩子的健康成长。

3. 祖辈在教育上处于比较被动的地位

隔代养育的矛盾是自然而然产生的，遇到冲突与矛盾，有的年轻父母会说："老人带孩子只要健健康康，不出危险就可以了。"有的妈妈直接对老人说："您管生活，我们管教育。"也有的老人甘居二线，常听他们说："我们老了身体也不好，只管把孩子照顾好就行了，别管太多，毕竟是人家的孩子，那是人家的家务

图3-11 隔代养育有时也易产生家庭矛盾和冲突

事，有时候多做多错。"这些现象都反映了祖辈家长在教育孩子方面所处的被动地位。

可见，祖辈带孩子有利有弊，因而，在与祖辈进行沟通的时候需要有所侧重，趋利避害、因势利导。

（二）与祖辈家长沟通的侧重点

1. 向祖辈家长宣传科学的教养观念

观念导致行为，在有些祖辈家长的认识里：生活是吃喝拉撒睡，教育

是学知识和本领，生活和教育是完全分割开的。还有的祖辈觉得学习是今后上学以后的事情，在幼儿园里只要开开心心、身体健康就行了；甚至觉得家长在家里只要管好孩子生活，到了幼儿园里老师管学习就可以了。针对这些片面的、错误的观念，教师需要向他们宣传"生活即教育"的科学育儿观念，让祖辈家长明白生活的点滴充满了学习的契机，生活习惯和生活自理能力的培养也是一种学习，饮食习惯不仅关系到孩子的健康和营养问题，也关系到孩子的自理能力、行为习惯、自我意识以及交往态度的形成。而这些学习在家中有，在幼儿园中也有。幼儿园孩子的学习就是在生活和游戏中进行了，孩子的学习绝不仅仅是学知识和技能。

2. 传授培养孩子独立性的具体方法

具体方法如：

◇ 鼓励孩子动手做事。

◇ 经常启发孩子"试一试"、"想一想"。

◇ 家长做一半，为孩子留一半。

◇ 勤快的家长有时要巧妙地装懒。

3. 为祖辈家长提供教育的平台

教师除了与祖辈进行个别沟通之外，还可以通过开设"隔代养育聊吧"、家长沙龙等，为祖辈家长群体交流育儿经验与困惑搭建平台。教师可以事先调查和收集祖辈家长的育儿难题，然后对问题进行整理，找出共性的话题，在会上共同讨论、出谋划策等，最后再打印出来张贴在家园之窗，让广大父辈家长也知晓祖辈家长进行隔代教育的酸甜苦辣，唤起父辈对祖辈家长的理解与尊重，架起有效沟通的桥梁，构建和谐的家庭教育环境。

（三）父辈家长教育孩子的特点

1. 以第一代独生子女为主体

现今我国第一代独生子女成为幼儿家长的主体。他们成长在改革开放的新时代，具有生活条件优越、学历水平高、眼界开阔、思维灵活的优势。很多年轻父母对早教具有浓厚的兴趣和参与愿望，他们经常自学，会主动通过书籍、报刊、电视、网络等了解大量的早教信息和知识，他们不再是一味顺从教师的传统家长，他们特别希望与幼儿园和教师建立平等、开放的沟通关系。

2. 与祖辈的教养观念与方法明显不一样

现今在我国，上班族妈妈产假结束之后，照顾孩子的重任大部分由祖辈承担。很多父辈家长对老人带孩子既有依赖又有不满，他们一方面在找比祖辈更加合适的人选，另一方面又觉得祖辈按照传统经验带孩子，与现代社会所提倡的一些教育观念与方法不一致，于是产生了教育冲突和矛盾。

3. 父爱的部分缺失

父亲参与家庭教育，对孩子健康成长的积极影响是毋庸置疑的。但随着社会经济的飞速发展，男性、尤其是大城市里的爸爸们在社会工作中的压力增加，于是幼儿园的家长开放日、家长会、亲子活动等大多由祖辈或者妈妈来参加，很少看到父亲参与其中，即使有时候他们与妈妈一起来，也主要是旁观者和陪同者，积极主动参与育儿的爸爸只占少数。

（四）与父辈家长沟通的侧重点

1. 建立平等、开放、智慧的沟通交流关系

教师需要培养开放的心态，开阔自己的眼界，通过熟练地使用现代化媒体手段，关注年轻家长的育儿时尚和流行话题，要尊重他们已有的经验和观念，以平和的态度与他们平等沟通，建立知无不言、言无不尽的交流关系。同时教师还需要不断锻炼和提高与家长交流的艺术，以良好的修养和扎实的专业知识赢得家长的信任。

2. 向"不管型"爸爸宣传父亲参与教育孩子的意义

父亲通常鼓励孩子冒险、探索，玩一些动作幅度较大的游戏，这对孩子的身体素质和热情、开朗性格的培养是很有益处的。如果父亲把孩子的事情排在自己的日程表里，多挤出一些时间来和孩子玩，可以培养孩子的勇敢与坚毅。因而，幼儿园应该鼓励爸爸们多多参加幼儿园的各类活动，尤其是家长开放日、各种节日活动、家长会等。在幼儿

图3-12　应多将爸爸纳入幼儿园开展的活动中

园中看到爸爸们的身影会让孩子感到非常快乐与自豪，而幼儿园的活动因为爸爸们的参与也会变得更丰富、专业。

3. 提醒父辈与祖辈平等地探讨教养观念与方法

父辈和祖辈两代人在家庭教育观念上存在差异是很正常的，这也是社会发展的体现。哪些传统的家庭美德需要我们向孩子传授、怎样传授，以

及哪些新的育儿观念和做法需要我们学习、怎样学习等，这些问题需要两代人平等商讨，谁都不能把自己的看法当做绝对正确的标准。两代人要善于吸取对方的可取之处，给孩子最好的教育。

（五）与保姆沟通的侧重点

在工作忙碌的大城市，尤其是有多个孩子的家庭，保姆已经成为了接送孩子们的主力军，很多时候老师只能通过和保姆的交流向家长反映孩子的情况。而由于保姆大多文化水平低，多半只照顾孩子的生活起居，甚至只是承担了接送孩子的任务等，造成老师和保姆的沟通只能是简单的寒暄、让保姆传达幼儿园通知等，起不到应有的沟通和共同教育的作用。有的甚至还会出现保姆传达错误或传达不到位造成的误会。

因而，作为教师，如果发现孩子由保姆接送得多的话应该细致地做好与保姆的沟通工作，可以在生活方面、自理能力等方面多跟保姆说一说，让保姆感觉到老师对保姆的尊重和对孩子的关心照顾。如果保姆比较年轻、有一定的文化，应该也要对保姆进行宣教，让她们参与到养育孩子的工作中来。而如果保姆年纪大、文化水平低，只是接送孩子而已，教师应该及时和家长联系，日常通过各种渠道进行家园沟通，如：电话、网络等，让家长了解孩子在幼儿园的生活、学习等客观情况，有问题能在第一时间联系到家长。否则在缺乏父母和老师关心的情况下有的孩子的确会出现胆小、不会交往等心理和行为问题，不利于孩子的健康成长。

 加强与不常见面家长的沟通

其实无论是祖辈来接的多还是保姆来接的多，教师都应该加强与不常见面的家长的沟通和联系，因为往往很多家园不一致的冲突和矛盾来源于和这些家长的误解。但由于日常工作忙碌而琐碎，幼儿园教师工作一天已经很辛苦，有的教师不太有精力或经验把工作考虑得再细致一些，造成不知不觉会忽略与那些不常来园的家长的沟通，尤其是当孩子的家庭有一些特殊情况，如：父母特别忙碌、有一方在外地工作、父母离异等等。极端情况下有的老师工作了几年都没见过孩子的父亲或母亲。

我们在前面提到过一些智慧的老师会有目的、有计划地与所有孩子和家长都进行沟通和联系，在特别的日子和活动中会特邀家长来园参加活动等等。无论是通过与幼儿的沟通，还是与家长直接联系，都有助于教师了解孩子的家庭教育情况，这不是在打听隐私，而是从关心和爱护幼儿的角度出发，教师应该主动和不常见面的家长进行沟通和联系，避免不愉快的事情发生。

三、特殊情况的沟通

（一）反映孩子的行为问题时

当孩子产生行为问题的时候，不是简单的"告状"就能解决，而应该分析原因，有策略地寻找合适方法。

 案例分析3-5

黄老师发现明明进入大班后更加顽皮了：集体活动的时候不能专心学习，还经常影响同伴；游戏时总是争抢玩具，还欺负年龄小的孩子。考虑到明明的父母四十多岁才生了明明，父母对明明疼爱有加，他们觉得自己的孩子非常聪明，不太愿意听老师说明明的缺点……黄老师陷入了沉思。突然，她想到了偶尔会来接送明明的奶奶。明明奶奶是一所重点中学的退休教师，日常喜欢和老师们探讨对明明的教育，黄老师决定和明明奶奶先进行沟通。果然，明明奶奶也发现明明进入大班后学习习惯没有养好，她反映明明父母

图3-13 黄老师找明明奶奶直接沟通

在家里依然把明明当作小宝贝那样来疼爱和对话，他们满足明明所有的要求，而对于明明不好的行为却放任自流。和老师沟通后，明明奶奶明白再这样下去对明明的发展不利，马上就要进行入小学的明明应该要加强学习习惯、自理能力和交往能力的培养。奶奶意识到了问题的严重性，担任过教师的她非常理解老师的要求，也很愿意配合幼儿园的教育，她主动对黄老师说："黄老师，我先和孩子爸爸说一下吧，他是我的儿子，还是比较听我的话的，关键是再这样下去对明明今后不好。"在明明奶奶的努力下，黄老师明显感觉到了明明的变化，明明父母帮他准备了书包、文具等模拟小学生的东西，开始督促他认真学

习、按时完成一些力所能及的任务，每天也都会关注幼儿园的家园之窗，积极配合老师的工作等等。渐渐地，明明做事有条理了，上课认真了，和小朋友交往也更加友好，学会商量了……黄老师和明明奶奶都不约而同露出了欣慰的笑容，明明爸爸和妈妈与老师的联系也更加密切。毕业时，明明一家特地来感谢老师，衷心感谢老师对孩子的爱、关心和科学的教导。进入小学后，明明表现突出，奶奶还经常带明明到幼儿园来看望老师呢。

分析： 这是一个常见的"向家长反映孩子行为问题"的案例，幼儿园中男孩顽皮是老师们普遍会遇到的情况，一般不需要过多地去向家长"告状"，但明明到了大班反而更不懂事，这与他的发展是不匹配的，也与家庭教育有误相关。老师发现问题以后并没有置之不理，也没有因为担心被父母误解而顾虑重重，她站在"为了孩子发展"的角度去考虑问题，又很策略地将"先与懂教育的家长沟通"作为突破口，借助明明奶奶的力量把科学的教育观念和方法实施下去，最终孩子获得了良好发展，家长也非常感激，家园之间建立了信任、和谐的关系。

可见反映孩子的行为问题时要特别注意时间、对象和方法。这个与祖辈和父辈有侧重进行沟通取得良好教育效果的案例值得我们好好学习。只要老师善于总结、开动脑筋、细致考虑，教育的智慧就会在一个个平凡的故事中闪现。

（二）遇到家长投诉时

家长投诉是所有老师和园长最不想看到的，然而这一问题却是幼儿园工作不可避免的，遇到这样的情况该怎么办呢？让我们一起来分析这些棘手的问题。

案例分析3-6

罗老师从教二十多年，班级常规一直抓得很好，教育教学也有丰富经验，可是居然被家长投诉了。玲玲爸爸来到园长室状告罗老师总是批评自己的孩子，袒护别的孩子，说最近一次罗老师还体罚玲玲，让她站了很久。罗老师知道后气坏了，觉得自己工作认真、对孩子严格要求反而有错啦？她认为家长就是宠孩子，听不得一点批评，她生气地对园长说："我对玲玲那么好，每天给她梳不一样的发型他家长都不知道啊！"

园长调查后发现，玲玲的确是一位不太说话，但也比较有个性的孩子。玲玲的家人认为自己的孩子聪明能干，日常比较宠爱她。他们看到有个孩子总被老师带在身边，就认为老师特别偏爱那个孩子。而老师说那个带在身边的孩子发育有些问题，所以老师们都会特别关注一些，并不是偏爱；而让玲玲罚站可能是有一次"孩子们站着回答完成的任务"时间长了一点恰好被家长看到而误解了。看来玲玲家长和罗老师之间沟通不畅啊，甚至罗老师提到的"每天帮玲玲梳不一样的发型"，玲玲家长都没注意到或者不在乎呢。园长再深入了解下去又发现，由于玲玲父母工作忙碌，日常都是奶奶接送，这次发生了矛盾，玲玲爸爸和妈妈都来了，尤其是玲玲爸爸说了老师很多不对的地方，而罗老师在和玲玲相处的两年间几乎都没和玲玲爸爸见过面聊过孩子，可见老师和玲玲父母之间日常的沟通实在是太少了。

于是园长和罗老师推心置腹地谈话，肯定罗老师认真负责地对待工作、细心关爱孩子等好的品质，同时也指出造成这次投诉事件的原因——长时间沟通不畅。罗老师不说话了，似乎在思考什么，园长趁机提出希望罗老师上门做个家访，真诚和和玲玲家长面对面进行沟通。但罗老师一方面放不下面子，另一方面也有顾虑，担心还是不能协调好彼此的关系的话今后该怎么办。园长说她会和罗老师一起去的，请她放心。看

图3-14　家访是家园沟通的重要方式，可以化解矛盾，加深了解

到园长和罗老师一起来看自己，玲玲很高兴，她对罗老师其实是有感情的。玲玲父母看到幼儿园那么重视，罗老师放下了面子来真诚沟通，他们也觉得有点不好意思了。大家把事情都解释清楚以后，玲玲父母表示不再提这些不开心的事了，他们会努力经常和老师联系，也希望罗老师今后主动与他们沟通。

家访后第二天，玲玲开心地回到了幼儿园，罗老师一如既往地关心她，给她梳不一样的发型，这次玲玲妈妈真诚地说："谢谢罗老师，您的手真巧，我们玲玲爱美，很喜欢您给她梳头发呢。"

　　分析：从这个案例中我们会发现老师和玲玲家人之间存在着很多误解，最终造成了冲突和投诉。家园之间教育观念、教育方法不一致并不是特例，而是普遍存在的问题，这就需要老师和家长日常加强联系和沟通，共同分析和学习，一起为孩子的健康成长相互协调、共同出力。我们可以试想，任何一位家长把孩子送入园，其实都不会想和老师闹矛盾，更不想要去投诉老师。相反，家长们一开始应该都是希望和老师友好相处，站在同一战线一起培育好孩子的，但为什么到了要来投诉老师的地步呢？这一定不是一件简单的小事造成的，而是日积月累形成的。

　　案例中因为玲玲父母工作忙碌，两年间老师只和玲玲奶奶有过沟通，居然连玲玲爸爸都没见过，可见对玲玲的家庭不是很了解，更别提了解玲玲父母的教育方法了。同样，玲玲父亲仅凭奶奶看到的一两次情景就猜测老师的做法有特别原因，对老师帮玲玲梳不一样发型无所谓等都能看出他们彼此对对方的教育方法不了解、不理解，家园之间缺乏信任，矛盾由此而来。可见，老师要加强与不常见面的家长的联系和沟通，同样，家庭也要积极主动参与、配合幼儿园的工作。只有这样才不会出现极端的投诉事件。

　　近年来学校投诉事件在不断上升，由于社会的发展，家长维权意识增强，媒体的放大效应有时候也会起到推波助澜的作用。《2014 年中国教育网络舆情分析报告》显示，网络中积极情绪反应最少的领域正是"学前教育"。的确，我们不断从网络和新闻中看到许多关于学前教育的负面新闻。但事实上我国学前教育的整个态势还是在逐步向科学、规范和专业的方向去发展的。

　　作为幼儿园的管理者，要畅通各种沟通渠道，把投诉事件当作反思和改进工作的契机，同时也要帮助教师正确看待投诉，指导教师做好新时期的家长工作。而对于家长，幼儿园也要做好相关教育，欢迎他们以合理方式献言谏策，不赞同通过网络散布等极端方式进行，大家都要站在"为了孩子健康成长"的角度来思考和处理问题。

 思考与练习

　　说说为什么要加强与不常见面家长的沟通，对于这样的家长你有什么好办法？

第四节　不断总结学习

家长满意率提高了

学期末到了，幼儿园向家长们发放家长问卷。每每这个时候，小周老师和同事们一样，都很关注也很在乎问卷的结果。由于问卷是行政人员在孩子们入园时随机发放的，有的老师还特地关照一些家长早点来园。

家长问卷统计结果公示了，小周老师和同事们都围在一起仔细地看起来。满意率达到100%的老师笑眯眯地走了，也有的掩饰住内心的喜悦，说："还好，我们和上次一样。"于是也会有老师开玩笑说："你们很会做家长工作啊，传授些经验给我们好吗？"满意率比之前提高了的老师也很高兴，说："幸运啊，我们提高了！"而满意率下降比较厉害的老师则会皱着眉头看很久，过后她们去仔细查看家长问卷，发现好几位家长在几个项目上都打分不高。有的老师默默地走开了，也有的抱怨起来："现在的家长哦，要求那么多，还高得不得了，好像我们有三头六臂似的。"

有个别家长，班级问卷的每一项都打分很低，并在问卷的后面写了满满的一大段话，意思是老师不关心孩子，孩子每天回来不知道学了什么，幼儿园应该把教授的内容告诉家长。园长看了以后，把老师请来了解情况。一开始老师特别委屈，觉得可能是平时孩子顽皮，说多了家长不高兴，借匿名的机会颠倒黑白、随意告状。后来园长和老师一起分析问题、寻找原因："会不会因为父母比较忙，与老师的交流沟通少，同时又对孩子的学习要求比较高，所以希望老师能把学习内容及时告知呢？"老师说："我们每周都在家园之窗张贴'一周安排'啊，有时候也会把儿歌的内容张贴在那里，是他自己不来没看到，不怪我们。"园长说："那么，我们可不可以在班级网页上也放上一周安排，还有活动照片呢？这样工作忙碌的爸爸妈妈就能通过网络了解到孩子的学习内容了。还有，每天我们可以叮嘱孩子们回家把学到的东西告诉爸爸妈妈。节日里或爸爸妈妈们有空的时候，我们还可以主动邀请他们来园担任家长老师或者志愿者等等。这样爸爸妈妈就能看到自己孩子在幼儿园里的情况，能更全面而真实地了解幼儿园的活动和老师的教育思想，就不容易产生误解了。"老师听了以后默默地点了点头。后来，老师听取园长的建议，更多地考虑班级家长的实际情况，增加了多渠道的沟通方式，还主动邀请那些工作忙碌的父母参与到幼儿园的活动中来。家园联系密切了，情感也更融洽了。又过了半年，班级的家长问卷满意率提高了，打分特别低的家长问卷也不见了，老师露出了欣慰的笑容。

分析：在这个案例中，我们看到老师们对家长问卷的满意度是十分关注的，不仅仅是因为要公示并和学期奖挂钩，影响到老师的面子和经济利益，更重要的是家长问卷反映出家长对老师工作的认可，这认可既有专业的认同、也有情感因素在里面。而每次家长问卷统计公示后，也是几家欢乐几家愁。满意率达到100%固然很好，但这很难做到，也不一定反映了完全真实的情况；满意率上升，是幼儿园和老师们最希望看到的；而满意率下降得厉害或有家长投诉则是幼儿园和老师都不想看到的，也往往让幼儿园和老师们感到压力倍增。案例中园长冷静地帮助教师进行分析，有助于帮助教师不带着情绪去面对困难，不断反思、改进。

家长问卷从一方面反映了家长工作的满意度，但要想获得家长的更多认同，还需要注意以下几个方面：

一、从家长问卷中进行分析和总结

应该说，家长问卷能比较真实而全面地反映家长对幼儿园和老师工作的满意度，所以在每学期或学年末，大多数幼儿园都会发放家长问卷。问卷分班级发放，一般包含对幼儿园整体工作和班级工作的两块内容，既有封闭性的选项，也有开放性的问题，家长只需要匿名填写即可。通过问卷统计和分析，幼儿园能了解工作中做得比较好的地方，也能看到薄弱的环节。无论是幼儿园工作还是教师工作，评价有好有坏是正常的，这些情况在每个幼儿园都会客观存在，要正确看待这个问题。问卷的目的不仅仅是评价，问卷的分析同样非常重要，幼儿园和教师通过问卷可以发现问题、客观分析原因、明确需要改进的地方，有助于今后工作的有效开展，这才最终起到发放家长问卷的目的。以下一些问题要引起重视，好好分析：

◇ 如果所有问卷全都达到了 100% 的满意率并不是一件好事。因为工作不可能做到面面俱到、十全十美，而有少数家长对某些项目觉得还不是很满意是正常的，幼儿园和老师不必去追求 100% 的满意率。上级督导与评估一般也只要求 90% 以上的满意率就可以了，这是正常反映。如果过分追求高满意率有可能会带来不良攀比，引起家长的反感。

◇ 满意率下降较多或有家长投诉要特别注意。遇到这样的情况幼儿园和老师先要冷静下来，如果家长感情用事，教师也带着情绪，矛盾就会上升，不利于家园一致教育孩子。接着园领导要安慰老师，因为人无完人，老师能力也有差异，谁都有做得不到位的地方，相信大多数老师还是希望把工作做好的。所以接下来就要帮助老师不逃避、不抱怨，直面困难，理智而客观地分析原因，寻找改进的策略。简单的发脾气或者置之不理是不能解决问题的。

◇ 有的幼儿园把老师的姓名或者姓氏写在问卷上，引来老师的反感，老师会认为针对性太强，心里不舒服。处理得不好还会引起两位教师之间的矛盾，不利于教师间的合作。建议问卷表述和发放以班级为单位就行了。

◇ 园领导也要关注问卷中家长留言感谢的内容，如果真实而诚恳，那就利用不同场合好好表扬一下老师们，有利于提升教师工作的积极性；也请老师在家长会上衷心感谢家长，有助于家长们更加信赖老师，共同做好家园共育。

 二、 向领导、专家和同事学习和请教

家长工作很多时候需要与人打交道，而我们打交道的对象又是孩子的父母或爷爷奶奶，有的老师无论年龄还是人生经验也许还不如家长。尤其是年轻教师更显得稚嫩，她们有的刚毕业，心理上觉得自己还是个学生；有的虽然工作了几年，但还没有养育过孩子，担心自己没有说服力；有的已经是老教师了，但学历和知识水平没有与时俱进，教育观念和方法不如家长。有时候老师们觉得和爸爸妈妈沟通还好一些，毕竟年龄相差不大，大家对孩子也有一定要求，但有些爷爷奶奶就很不近人情，只关注孩子的吃喝拉撒，或对老师提出苛刻的要求，在爸爸妈妈面前搬弄是非，让老师不知如何是好。而不同的家长，由于个性、家庭背景、所受教育不同也给老师的家长工作带来挑战。

以上困境在每个幼儿园中表现不一样，因而教师要学会面对不同的家长，还要针对他们的个性采取不同的方法，这不仅需要个人的天份，还需要后天的学习，尤其是来自日常工作中的学习。最简单最方便的就是我们身边的学习。孔子说："三人行，必有我师焉。"的确，身边的领导、专家和同事，都是我们请教的对象，他们的年龄、经验和专业程度总的来说都比老师要强一些。老师们要放下顾虑，细心请教，一般来说领导和专家都会很愿意帮助老师们把工作做好。需要注意的是：

◇ 千万不要已经感觉到家长工作有问题了还隐瞒或者拖延，尤其是发生了事故、传染病，或者孩子之间发生严重的伤害等情况时，更不能心存侥幸。有时候老师会很纠结，以为自己可以解决，或担心被领导批评而想瞒过一时是一时。可是往往纸包不住火，事情严重的话家长一定会闹到领导这里来，这时候老师就被动了。所以，家长工作要主动、要趁早，早些请教领导或者专家，大多时候能帮助老师妥当地化解矛盾。

◇ 与同事谈论家长工作中的困惑和矛盾时注意不要用太过于极端的字词，尤其是对孩子和家长的描述、评价等。人们在生气的时候容易说一些过激的话，如"××就是自己有问题还不承认！这家人哦，脑子有毛病！动不动就去找领导……"同事之间应该理智看待并劝慰、帮助化解，千万不要随声附和，否则会火上浇油，不利于情况的改善。

 三　多看、多学相关内容

现代社会是信息社会，知识的更新很快；现代社会也是学习的社会，需要我们终身学习；幼儿教师的专业化成长更需要不断地学习、自我提高。

除了传统意义上地看看专业书籍、相关领域的书籍外，还应该看一些可以拓宽视野的人文、科学、管理、艺术等方面的书籍，关注时事和日常生活中蕴含的教育点滴，多多思考。另外，还可以从网络中学习，通过微博、微信、QQ等进行学习。需要注意的是：

◇ 由于现在学习的渠道很多，老师关注的微博和微信最好是国家、政府或相关权威部门发布的内容，不要听风就是雨；由于网上的言论相对自由，老师们自己也要提高辨别能力，学会辩证地看待问题，不要人云亦云、盲目跟风，更不要随便加入什么组织、参加什么集会等等。

◇ 教师个人在公开平台上一定要注意自己的公众形象，因为这时老师的观点代表的是教师这一职业形象，甚至是单位形象。有的老师圈中还有领导、家长和同事等等。千万不能以自己的好恶来进行简单判断和表达，要注意表达的尺度，言论文明。

相信老师做个有心人，不断思考和学习，做家长工作的能力自会与日俱增。

一些书籍和微信公众号推荐

书籍：《做最好的自己》、《世界因你而不同》、《人性的弱点》、《正能量》、《杜拉拉升职记》、《窗边的小豆豆》、《孩子是脚，教育是鞋》、《静悄悄的革命》

微信公众号： TED演讲、心灵鸡汤吧、教师博雅、古典书城、上海学前教育网、中国新闻周刊

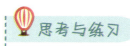

日常你是怎么学习与人沟通的？举例说明这样的学习给你带来了什么帮助，获得了哪些进步？

第四单元

幼儿园家长工作常见问题

本单元主要围绕幼儿园家长工作中常见的一些问题展开，从关注、理解、尊重每一个幼儿出发，介绍如何成为家长信赖的教师、怎样和班级的其他保教人员以及幼儿园各个部门共同做好家长工作，并及时和园领导沟通反馈。本单元通过四个方面分别进行阐述，从关注幼儿的角度出发，并在此基础上，关注每一位家长的需求，运用恰当的沟通表达方式做好家长工作。

- 1. 了解幼儿园家长工作中常见的一些问题；
- 2. 掌握针对常见问题开展家长工作的策略；
- 3. 初步学习在工作中如何与家长、同事及园领导的沟通。

案例分析4-1

午睡时间到了，瞳瞳却拿着一条毛巾从盥洗间走出来，"张老师，这条毛巾没有挂起来！"

孩子们全停了下来看看我，我灵机一动，把问题抛给孩子们："如果你是瞳瞳，你觉得应该怎么做？"

翔翔说："看到小毛巾没挂好就马上挂好它！"

有孩子小声嘀咕："叫他自己挂好！"

东东说："看看谁的号码上没有挂毛巾，就去找这个小朋友，叫他把毛巾挂好；如果他不挂，再来告诉老师。"

图4-1 挂好自己的小毛巾哦！

瞳瞳同意东东给她出的这个主意，孩子们也都认为东东这个办法好！东东也为自己在同伴面前把自己的想法清楚、大声地表达出来，并且得到同伴的认可而神气极了——用眼光巡视教室里的同伴一周，然后才坐了下去！

等孩子们到卧室睡觉的时候，佳佳拉住我："如果时间很少了，一下子找不到那个没有挂毛巾的小朋友怎么办？总不能老是等在那里吧？！我觉得东东的办法不是最好的办法！"

我笑起来："佳佳，那你有什么好办法？"

"就是自由活动的时候看见就提醒，不是等到时间少的时候再去。"

原来如此！佳佳，等午睡起来告诉大家。

分析： 当教师关注到每一个孩子、理解并尊重每一个孩子的时候，我们会发现：孩子们原来都有自己的想法，都愿意和同伴们分享自己的想法，同时每一个孩子在集体中的差异性、重要性也会显现出来。

一 静听每一朵花开

（一）关注每一位幼儿

幼儿教育在某种程度上就是"关注"，关注每一位幼儿、关注每一个细节。在当今的浮躁喧嚣中，安静的关注彰显幼儿教师的职业精神和素养。每一位幼儿如同一朵美丽的花，幼儿教师和家长们陪伴每一朵"花儿"的生长，见证每一朵"花儿"的神奇，倾听每一朵"花儿"开放的声音，在这个过程中幼儿教师会因此更加幸福——因为"教育就是迷恋人成长的学问"。

一次共情[1]

那天我接班车，淘贝儿被爸爸送来，一过来就使劲地哭。我询问情况，因为当时时间有限，爸爸没说清楚。

我把淘贝儿抱上班车，让他和提提坐在一起。提提手里拿着两根棒棒糖，满怀关切地看着淘贝儿说："我要分享一个棒棒糖给我的好朋友淘贝儿。"可是淘贝儿哭得太伤心了，顾不上理会提提的好意。

"宝贝，你为什么哭呢？"我坐在淘贝儿的面前，轻轻地握着他的小手问道。淘贝儿没有理我，伤心地哭着。

两三分钟之后我又问："淘贝儿，我觉得你哭得特别伤心，发生什么事了吗？"

---

[1] 海月琴，《一次共情》。李跃儿芭学园(微信公众号)，2014，08，12。

图4-2　淘贝儿哭得太伤心了，顾不上提提的好意

淘贝儿哽咽着断断续续地说："妈妈……妈妈……"

听他这样说，我想可能是早上在家里妈妈说了什么或者做了什么，让他伤心了。

"请告诉我，妈妈怎么了？"

"妈妈没有跟我说……"

"妈妈没跟你说什么？"

"妈妈没有跟我说她就走了。"

"哦，原来这样啊。我想那是因为妈妈早晨上班太早，走的时候没有来得及告诉淘贝儿，所以就伤心了，对吗？"

淘贝儿点点头，渐渐平静下来。

我继续说："你想让妈妈早上送你，是吧？"

"是。"

"那，你看这样好不好——咱们跟妈妈说一声，下次走时一定要告诉淘贝儿'妈妈上班去了'；如果妈妈不忙，就让她来送淘贝儿，如果妈妈很忙，就让她去上班？"

听了我的建议，淘贝儿点了点头，停止了哭泣。

班车到芭学园了，孩子们陆续下了班车。园门开着，但淘贝儿并没有进去，而是用手抓住门，站在门的旁边。那天是星期一，孩子们的包很多，我要等孩子们都进屋了才能把所有的包都拿进去。在这个过程中淘贝儿一直站在那里。等我把孩子们的包都拿进去了，他还站着。

我突然想起把一样东西忘在了车上，便返回来取。这时，淘贝儿扬起脸看了看我，开口问道："海老师，你的东西拿完了吗？"

"拿完了。"

"那现在我可以和你一起进屋吗？"

"当然可以啦。"

直到那一刻我才明白过来，原来淘贝儿一直在等我。他从下车的那一刻开始就在等待和我一起进屋。在我提包的时候，他看见我正在工作，所以没有来打扰。

他静静地站在铁门边，等待我干完了所有的事情之后才过来问"老师拿完了吗"，虽然只是一句话，却让我很感动，直到晚上躺在床上还在想着这件事。

接下来的两周，每一天淘贝儿来园后都会站在铁门旁边，等我工作完了，牵着我的手一起进屋。有几次我特别想抱一抱他，想到这只是我的需要，就忍住了。淘贝儿以一个高尚的状态在帮助我，这时我如果按自己的需要把他抱在怀里，就是以成人自居，把他当作小孩，而不是真正地尊重他……因为在精神上，他与我是平等的。

进了门厅，淘贝儿很快就换好了鞋，自豪地对我说："海老师，你看，我自己换好鞋了。"（淘贝儿以前换鞋都会磨蹭到最后）进屋之后马上去洗手，洗完了便跑到我的面前说："海老师，你看，我的手洗干净了。"虽然没有说好多的话，但从他的眼神里可以看出对我的信任。我特别感谢淘贝儿，他让我真正体会到了——给予孩子的同时，孩子会回馈你更多的爱。

因为那次的共情，我和淘贝儿成了知己，我俩也因此获得了成长。

分析：我们每一位幼儿教师一定都会在自己的职业生涯中碰到像淘贝儿这样的孩子，我们是否能和海老师一样，关注到孩子的伤心，认真地和孩子进行交谈；我们是否可以和海老师一样，不是在没有线索的情况下乱猜，而是帮助孩子对自己的情感进行认知？海老师关注到孩子，帮助孩子表达出伤心的部分内容，然后判断出孩子伤心的原因，理解并尊重孩子的感受，从而赢得了孩子的信任和爱戴。

教师对幼儿的关注，幼儿会逐步地感受到，教师也会因此逐步赢得幼儿全部的信任和爱戴。这样，幼儿就会把教师当成自己的朋友和知己，愿意和教师分享自己的每一份快乐和收获。

只有教师关注、认可并欣赏每一个幼儿的时候，教师才会对幼儿的变化甚至千奇百怪的状态习以为常。

（二）理解并尊重每一位孩子

理解和尊重源于爱的碰撞。理解和尊重孩子，其实就是去爱孩子。苏霍姆林斯基在《全面发展人的培养问题》一文中曾经这样说过："培养全面发展的人的技巧和艺术就在于——教师要善于在每一个学生面前，甚至是平庸的、在智力发展上有困难的学生面前，都向他打开他的精神发展的领域，使他在这个领域里达到顶点，显示自己，宣告大写的'我'的存在，从人的自尊感的泉源中汲取力量，感到自己并不低人一等，而是一个精神丰富的人。"

案例 4-1

我就是想不明白[①]

今天早晨，由于一些事情的耽搁，我来晚了。进园的时候已经9点了，我看见诺诺还坐在门厅的木椅上，哭得非常伤心。他是个老生了，已经4岁多了，看他的样子是真情实感的。

于是我过去坐在他身边，他立马靠在我的怀里，更加伤心地哭着，说："我不舍得离开妈妈。"

我想，这句话，任何一个人在任何一个场合说出来，都会伴随着流下眼泪的。

看到孩子情感浓厚的时刻，我是感到非常欣慰的，在这一时刻，无论哭也好，笑也好，都说明孩子在成长着。

等他哭了一会儿，我问他："难道你确定，妈妈今天去上班，今天晚上不会回来吗？"我的潜台词是：你已经了解，每天早晨妈妈把你送来，晚上回家你都可以见到妈妈，这件事情已经在你身上发生了两年了，为什么今天你会哭呢？

他仍然伤心地哭着说："妈妈今天上班会回来的，但我还是很想她。"

我说："好吧，我跟你一起坐在这里想她。你还可以再哭一会儿。"

这时他突然哭着说："有件事情我就是想不明白！"

我心里一喜，觉得孩子就要跟我进行深入的沟通了，这将是今天早晨我获得的一份盛宴。我在等待着……

没想到他接下来指着对面墙上的照片（我们芭学园老师去外面玩的照片）说："你们到底是到哪儿去旅游了？！"

此刻我差点笑喷出来！问题是，他仍然还在哭着，我说："那是我们到百里画廊。"

他突然用不带哭腔的声音问："百里画廊在什么地方？"问这话的时候，

---

① 李跃儿，《倾听孩子哭泣的基本原则》。李跃儿芭学园（微信公众号），2014,08,12。此处有改写。

眼泪还挂在脸上。

我跟他描述了一番怎么去百里画廊，他又说："我觉得对面墙上的那个人特别像我们班一个小孩的妈妈。"我又大喜，机会来了。我可以利用这个机会使他活动起来，把他从忧伤的情境中拉出来。

于是我说："是哪一个？你能指给我看看吗？"他从房间的这一头，跑到另一头，给我指了小霞老师。我吃惊地说："啊，是小霞老师啊！"

图4-3　向诺诺描述怎么去百里画廊

他又跑回来坐在我的身边，议论说："她的头发那样地披在头上，我就想不通，这样就有点不像了。"现在我实在忍不住了，抬起头来让自己笑完。然后我们又讨论了一阵关于照片上的烧烤的问题，关于照片上玉米烤糊了还能不能吃的问题。

至此，他已经没有一点点伤心的影子了。我赶紧抓住机会说，我们换鞋进去吧。没想到，他软软地说："我心里还是很难受。"

看来，我的小伎俩是不能解决这个孩子的大问题的，孩子要自己处理自己的难受，要让难受在心里慢慢地过去。在难受的时候，他用我们人类最能解决难受的方式来解决自己的难受。我们要给他机会，我急着使他不哭，可能还是基于我自己对哭的不舒服的感受。看到孩子哭，我就难受，为了让我自己不难受，我就想尽办法让他不哭。在陪着他哭的时候，我想通了这一点，这也是孩子成长起独立处理自己情绪的时机呀。我为什么非要破坏他的独处能力呢？

于是，我建议说："我们换上鞋，到屋里，坐在沙发上，这样我们心里难受的时候，身体不会太难受，就可以在那里比较舒服地想妈妈了。"

诺诺顺从地换了鞋跟着我进来，边哭边说："这里有个沙发，我可以坐在这里哭。"我把他安顿在沙发上，告诉他我要去工作了，我就走了。

在我写这篇文章的时候，还能听到从楼下传来诺诺的哭声。他们班的老师，在楼下假装做着别的事情，等待他哭完了，好陪他上楼。

要想让孩子成长起心理力量，我们得让自己有心理力量。否则我们会失去理智，夺走他们的机会，阻碍他们的成长。

二、成为家长可以信赖的人

（一）第一时间熟悉每一位家长

在日常的家长工作中，班级教师和家长们会进行很多的交流，不仅有面对面的谈话，还有一些是通过网络渠道开展的，比如QQ、飞信及微信等。这些都需要教师们在第一时间熟悉每一位家长，了解每一位家长，只有这样才不会给自己的工作带来困扰和麻烦。一些年轻的教师常常会有担心、逃避甚至害怕的情绪，因为不知道家长工作可以怎么做、能怎么做，所以会感到担心和害怕。许多东西我们不能够改变，但是我们可以改变我们自己，我们可以把光明带进黑暗，可以把爱带进工作，也就是通过我们的爱，让父母和孩子的内心燃起一盏明灯。

案例分析4-3

图4-4　爷爷还是爸爸？

爷爷还是爸爸

幼儿离园的时间到了。

一位年龄偏大的男士在班级门口询问："老师，请问这是小一班吗？"

"是的呀！请问您接孩子吗？"陈老师说。

男士点点头："我来接玲玲，我是……"

还没等男士说完，陈老师马上接着道："您是玲玲的爷爷是吧！"话音未落，在教室里游戏的玲玲一下冲了出来，叫着"爸爸"，扑到了那位男士的怀里。

陈老师一下子万分尴尬，想起开学家访时玲玲爸爸因为出国访问不在家。还好，此时玲玲打破了僵局，她向陈老师大方地介绍："陈老师，这是我爸爸，来接我的！"

分析：这个案例虽然呈现的是称呼上的误会，但我们可以从中进行一些反思：

◇ 家访时虽然幼儿的父亲不在家，是否可以通过家中的照片间接认识呢？

◇ 幼儿父亲来到班级时，是否可以询问得仔细些而不是直接臆断呢？

如果在实际的工作中，教师多一些认真，多一些仔细，多一些热情，愿意在第一时间去认识、了解、熟悉每一个幼儿的家长，包括幼儿的父母、祖辈等，也许这样的误会就会少一些，这样的尴尬就会少一些，家长的理解、尊重和接纳就会多一些。

案例 4-2

与家长共处[①]

有一届，我遇到这样一户家庭：

没有读过太多书的夫妻，事业却很顺利，所以家庭殷实；父母中年得子，视为心头宝玉，所以疼爱庇护。万般"包裹"之下，洋洋只吃苹果和香蕉——其他水果脏；洋洋用巧克力搭房子——客人送来的，爸爸就是这样用的；洋洋在幼儿园喝自带的矿泉水、不吃幼儿园的面包、不在户外玩皮球……爸爸觉得危险无处不在。

就这样，当我来到这个中班时，洋洋已经和伙伴们很不同。

只用了一个星期，我写了份关于洋洋发展现状的分析。家访时，在递上报告的同时，我诚恳地建议："洋洋的许多能力发展缺失，我来为他开小灶吧。"我们商定：每双休日上午9点到11点，爸爸把洋洋送到我家，我带他玩。

第一次，爸爸把洋洋送上楼，自己却一直待在奔驰车里，忐忑地在楼下没有离去。当我和洋洋拿着球下楼到草坪上玩球时，爸爸钻出车问："应老师，下楼干吗？"我说："玩球啊。"他说："我们一直是在家里的客厅里玩球的。"

我笑笑，和洋洋疯玩起来。

---

① 应彩云，《与家长共处》。摘自http://blog.age06.com。

等到我把擦洗干净的洋洋交到爸爸手上，他尽管心疼唏嘘，但洋洋活蹦乱跳地嚷嚷"明天再来"，他的目光里有了信任。

第二天，爸爸把洋洋送来后，即刻开车离开了。他放心了。

在我每次的感觉、语言、交往等游戏循序渐进的带领中，洋洋的变化是明显的。

另一个有着明显变化的人是洋洋爸爸。一次，秋游外出，洋洋爸爸照例送来了自己买的午餐。我轻快地建议："洋洋今天和我一起用幼儿园的干粮，试试！"爸爸只"哦"了一声，就走了。

同事都很奇怪，原本固执的爸爸变得温和了。门卫叔叔说出了大家的疑惑："洋洋爸爸，你很听应老师话的嘛。"

他脸一红，真诚地说："其实，我不知道应老师在你们行业里是怎样的，但我知道她是爱我家孩子的，她是为我家孩子好的！"

再固执的家长，都会为爱所动。

（二）公平地对待每一位家长

每位幼儿的身后一定都链接着自己特有的原生态家庭。在日常的工作中，作为教师，我们不能期待每一位家长一开始都能理解我们的工作，都能支持我们的工作，但是我们可以通过自己的努力，公平地对待每一位家长，从而让家长们逐步理解、支持我们的工作。

图4-5　每位幼儿的身后都有自己特有的原生态家庭

图4-6　多和家长沟通，努力让家长理解、支持教师的工作

试用接送卡

为了保证幼儿的接送安全，幼儿园将使用幼儿电子接送卡，首先在我们班级开始试用，以便发现问题能及时改进，然后再在全园推广。

班级里的大多数家长在下午离园的时候，听了我的简短介绍就非常配合地领好电子接送卡开始使用了：在幼儿园保健室门口的电子接收器上刷卡，然后班级里的点名显示器上该幼儿对应的圆点就灭了，表示该幼儿已离园。早上来园的时候在电子接收器上刷卡，班级里的点名显示器上该幼儿对应的圆点就亮了（由负责晨检的保健教师控制：健康红点亮，需吃药黄点亮等），该幼儿的考勤数据和晨检数据也就一并录入了。

云云的爷爷却不乐意了："我年纪大了，出门常常忘记带东西，如果没带的话，是不是我们家云云就不能入园、离园了！平时云云爸妈也会接送云云，如果只有一张卡他们是不是也不能接送云云了！"云云爷爷说什么也不愿意使用电子接送卡，而且一连几天来离园的时候都会有那么一会儿时间在班级门口大声地把自己的不满向其他家长宣泄着。

这一天孩子们离园都比较早，得空我们把云云爷爷请进了教室，先请爷爷把自己的不解和困难说完，然后把使用电子接送卡的优势告诉爷爷，接着又把幼儿园为什么使用以及为什么先在我们班级试用等耐心地介绍给爷爷听，对于已经发现的问题，包括爷爷提到的忘记带了怎么办、只有一张卡怎么协调等的解决办法都一一耐心地告诉爷爷，听着听着爷爷自己也不好意思了：原来幼儿园就是想通过试用，了解家长使用中可能存在的问题和困难。他对前几天自己的不恰当行为表示了歉意：自己年纪大了，对新生事物总有一种说不出来的抵触情绪，怕自己用不来引起笑话等等。

分析：给予每一位家长理解，让他们有时间说出自己的想法；公平地对待每一位家长，让他们推心置腹地表达自己的意愿，这样一定会让我们的家长工作更加顺利地开展。

很多时候，我们不要只顾寻找方法，而是停下来，想一想，给自己一些时间，也给家长一些时间，当有问题的时候，也正是需要提升自己的时候，不要责怪家长，用一颗真挚的爱心去教育孩子、聆听家长，我们的家长工作一定会得到家长的理解、配合和支持。

（三）多种渠道对话每一位家长

1. 个别对话

在家长工作中，教师经常会碰到不同类型的家长，这就需要通过多种渠道对话每一位家长，比如：直接个别对话——面谈。

案例 4-3

与家长共处①

徒弟何洁曾经对我这样叙述：

一次，班里发幼小衔接资料。轮到凡凡时，一套包装袋有些破损。出于好意，我为他换了一个漂亮的新袋子——和别人的不一样。

当凡凡把袋子递到爸爸手中时，我不由地解释："原装的袋子坏了。"可下班后，我的手机却响了，电话那头响起凡凡爸爸的声音："为什么我们凡凡的袋子就是坏的？为什么我们的袋子要和别人不一样？孩子盯着我问为什么我的袋子和别人不一样？这样会给孩子的心理带来压力！"我懵了……

"我们要一个和别人一样的袋子！"电话就这样挂断了。意外之余，我郁闷了一夜，非常郁闷！

第二天一早，凡凡爸爸早早地跑来，不断解释着他们不是计较，而是："你说发生这种事会不会给孩子心理压力，造成精神伤害？"

我将已经准备好的袋子轻轻地递上："如果你大人觉得受伤害，孩子就会受伤害；如果你大人积极愉快，孩子就会感受与众不同的情趣。"

我又一次自我检讨："怪我没有更深地与你沟通。"凡凡爸爸深思着走了。

---

① 应彩云，《与家长共处》。摘自http://blog.age06.com。

2. 家长会

直接集体对话——召开班级家长会，包括父母、祖辈等家长一起参加的家长会是一个非常好的家园沟通平台。

如何对待隔代教育

班级里有部分幼儿日常都是和爷爷奶奶或者外公外婆生活在一起的，接送也一般都是老人。这些幼儿的父母常常有空就会和我们教师说起隔代教育让自己很为难，上一辈的许多做法让自己无法接受等等。

针对这种情况，我们召开了几种不同类型的家长会：

a.自己照料、接送幼儿的年轻父母家长会；

b.帮助小辈照料、接送幼儿的祖辈家长会；

c.有老人帮助照料、接送幼儿的年轻父母家长会。

a、b家长会中的其中一个内容就是请参加的家长把自己在照料、接送幼儿方面的问题、困难或不适讲出来，我们把这些内容进行录音；

c家长会中我们先请参加的父母交流老人照料、接送幼儿的情况，自己碰到的困惑等说出来，然后把之前的两段录音播放给参加此次家长会的父母听。一对比，勿用多言，年轻的家长们一下明白了许多：

首先，爷爷奶奶、外公外婆绝没有义务承担养育第三代的重担，他们在这一过程中付出了许多年轻的父母难以想象的努力，年轻的父母应怀感恩之心，尊重、感恩老人的态度会给孩子树立一个良好的榜样。当做出请老人帮助照料、接送孩子这样的选择的时候，无论苦衷在哪里，请务必摆正位置。

其次，尊重、感恩不等于可以就原则问题妥协，涉及教育孩子的一些关键问题需要跟爷爷奶奶、外公外婆尽量事先达成一致意见，以免给孩子带来负面的影响。

3. 网络渠道

通过网络间接对话——QQ、飞信群、微信圈等，是目前较流行的沟通方式。由于不是面对面的直接对话，需要教师更加注意自己的遣词造句，注意自己的态度和观念。

插班生的短信

寒假尚未开学，小班插班的家长发来了短信：

"老师，从幼儿园领回来的被子有2个被心，请问开学时候都带去吗？室内温度多少？"

图4-7 有时候直接电话沟通比短信回复效果更好

"小朋友睡觉时候有老师陪着吗？我们在家都是要哄的。"

开学第一天，插班的家长发来的短信：

"老师，小朋友上午咋样？哭了吗，中饭肯自己吃吗？"

"她小便自己肯说吗？"

"自己好像还不太会脱裤子，她睡觉脱衣服吗？"

"起床穿衣服可能还要麻烦你们，在家都要斗争好半天，就是不肯起，不肯穿，赖床。"

分析： 针对这样的家长，针对这样的短信，如果是年轻的教师，建议最好还是直接和家长交流，比如直接电话联系，或者接送的时候直接把幼儿的相关情况反馈给家长，尽量不要采取短信回复的方式，避免因为不恰当的文字表述或者家长理解错了的情绪，加重、加深家长的焦虑和担忧。

4. 班级活动

通过班级的各种活动，让每一位家长了解教师的工作，认同教师的专业素养。

案例 4-5

与家长共处①

当家长质疑"二期课改中的孩子不会数学"的时候，我开放的教室，让家长看到自己孩子远远超过10以内加减的游戏玩耍；

当家长质疑"你们的阅读没有汉字"的时候，我开放的教室，让家长看到自己孩子海阔天空的想象力和丰富的符号信息；

当家长质疑"孩子绘画技能不强"的时候，我开放的舞会，让家长看见自己孩子简直就是个舞美设计师……

在这过程中，我对于玩具、文学、音乐选择的精益求精，终于让家长感叹："哦！原来是这样！"

三、保教人员的团结合作

（一）班级教师之间的合作

一个班级家长工作的成败很大程度上取决于班级教师之间是否密切合作、默契搭配。班级教师之间要经常交流、及时沟通，包括班级家长工作的方式方法以及内容，尤其是对幼儿的评价、对家长的态度，它真实地反映了教师的职业素养和专业技能。

图4-7　教师之间要经常交流、及时沟通

---

① 应彩云，《与家长共处》。摘自http://blog.age06.com。

案例 4-6

"不乖"的探讨

搭班小王老师爱用"不乖"这个词，她觉得这样好像可以减少甚至避免在她描述幼儿不好的情况时，家长由此产生的反感。对此我有不同想法，于是我们一起进行了探讨和交流：

1.首先"不乖"这个词好像只限于幼儿，很少对成人、朋友或配偶使用。因此，"不乖"，它是父母的语言，成人化的词语。它传递了传统观念上成人看待孩子的方式。当幼儿的行为和成人的期望相违背时，成人就会说小孩不乖，而更准确的说法是：不乖的行为带给成人尤其是父母某些不好的影响。

不乖=幼儿做出成人认为不好的事

从另一个方面来说，当幼儿的行为，没有给成人带来不好的影响时，这个幼儿就是"很乖"。

2.于是，我们有了共同的结论：

很乖=幼儿做出成人能够接纳的事

原则1：

幼儿和成年人一样，有很重要的基本需求，而且他们也会不断地做一些事来满足自己的需求。

原则2：

幼儿并没有不乖，他们的行为只是为了满足他们的重要需求而采取的行动。

如果小王老师能够从字典里除去"不乖"这个字眼，就很少会批评和生气了，家长当然会更多地接纳她。

小王老师慢慢不再使用"不乖"这个词了。

（二）教师与保育员之间的合作

班级中保教人员还包括保育员，班级中的保育工作更多地是通过保育员实施和操作的，因而作为班级教师要主动和班级保育员共同开展保育工作，特别是牵涉全班幼儿的保育工作，要达成共识，同时在班级家长和幼儿面前树立保育员的形象，尊重保育员的工作，只有这样才能避免因为保育问题使自己的家长工作无法顺利开展。

图4-8 教师与保育员要保持合作

家长会上的发言

常规的班级家长会又要召开了。

我和班级保育员马阿姨商量：班级家长会中的保育内容将由马阿姨向全班幼儿家长介绍。

马阿姨首先口头上和我们老师交流了一下班级幼儿的情况，然后动笔撰写，经过我们的润色，一篇颇有亮点的班级幼儿保育方面的小结诞生了！

家长会上，马阿姨认真地向家长们介绍开学以来孩子们在保育方面的情况，家长们听得非常认真。

班级家长会结束，家长们纷纷感谢、请教马阿姨：

"原来马阿姨在班级中为孩子们做了这么多工作啊！"

"我家孩子有什么问题？可以怎么解决呢？"

……

（三）各部门人员之间的合作

班级家长工作开展的过程中，教师应该多了解幼儿园其他部门的工作及其要求，这样才能在第一时间更好地做好家长工作。

保教费这样缴纳

小宝好多天没来上幼儿园了，外婆今天早上送他来园，顺便问我："张老师，我们家小宝这个月的保教费怎么缴啊？"

同样的问题一下让我想到了刚刚开始工作的一幕——也是一位好多天没来上幼儿园的幼儿家长问我这个问题，我不假思索地告诉家长：来几天就缴几天的费用吧！

结果没想到几天后的早上，这位家长气愤地找到我："张老师，你帮我解决吧！"

"什么事呀？"我不解地问道。

"上次你告诉我来几天缴几天保教费，到你们财务那就不是这样了，说得我云里雾里！"

这件事让我清楚地认识到：机会总是乔装成"麻烦"的样子，如果你很好地解决了麻烦，就是把握住了机会，它会让你更好、更快地成长。

事后我认真地请教了财务老师，问清楚了有关保教费缴纳的相关规定，并耐心地向家长做了解释，表达了自己的歉意，一场风波才总算平息了。

分析：作为班级教师，不能仅仅关注班级的教育教学工作，必须时刻了解、清楚幼儿园各个部门需要配合的工作内容，及时给予家长说明和帮助，这有助于更好地开展班级家长工作。

 及时和园领导沟通、反馈

班级教师开展家长工作的时候，常常会有"报喜不报忧"的心理存在，有的是担心园领导因为这些事对自己的工作能力等形成不好的评价，有的认为这些都是小事情，自己可以"搞定"，还有的就是根本没有意识到这些小事有可能会酿成大害。

（一）特殊幼儿的及时交流

相对一般的教师，幼儿园的管理者尤其是园长在面对一些特殊幼儿的时候会更有经验，或者会有更多的解决途径，如果及时交流，有助于班级教师获得相关的信息，帮助幼儿和家长面对碰到的情况和困难。

案例 4-8

跑出去的东东

"东东又不见了！"大一班的李老师在走廊里紧张地搜寻着。

还好，东东在大二班的卧室里，李老师拉着东东回到了大一班教室。

园长听到了，甚是奇怪："什么是'又'不见了？东东是哪个？"利用中午空班的时间，李老师向园长汇报了东东的基本情况。

针对李老师描述的东东的基本情况，园长结合自己的经验，建议李老师让家长带着东东到相关的心理机构进行咨询。

几天后，李老师告诉园长：东东家长已经做过咨询，专家给予了治疗方案，现在已经开始了！同时专家也反馈：好在东东的年龄比较小，及时的治疗、训练能有助于恢复。

（二）特殊家长的及时反馈

对于一些特殊的家长，比如：个别年长的家长，常常会让年轻的教师感到棘手，不知如何应对，这时我们不妨请教园长，及时反馈相关家长的信息，让自己的家长工作能够走在前面，能够行驶在正确的轨道上。

案例 4-9

不能脱外套的外婆

一天上午户外锻炼的时间，贝贝外婆冲到了园长室告状，反复就是那么几句话："小一班老师太不负责任了！我们贝贝要是肺炎，我让她们负责！"而且情绪一直很激动。

177

快到午餐时间，贝贝外婆的情绪总算稳定下来了。

这期间园长询问了小一班班级老师，才清楚了事情的原委——贝贝外婆着实让小一班的两位老师头疼，户外锻炼不管天冷天热，贝贝的外套一件也不能脱！当天上午看着锻炼得满头大汗的贝贝，小一班的老师就把贝贝最外面的一件外套脱了下来，没想到贝贝外婆恰好就在幼儿园外面，一看见贝贝的外套被班级老师脱了，二话没说就冲到了园长室，因为她觉得自己已经多次提醒过班级老师：贝贝的外套不能脱，脱了就会生肺炎。老师就是故意为之，想让贝贝生肺炎。

园长和小一班老师一起把幼儿园户外运动的保育措施和贝贝外婆进行了沟通，同时也把日常小一班老师的一些做法告诉贝贝外婆，打消了贝贝外婆的不实之想，贝贝外婆总算心平气和下来。

事后，园长和小一班老师交流，类似贝贝外婆这样有特别诉求的家长一定要及时沟通，同时反馈自己日常的有效做法，有助于在第一时间解决问题。

（三）及时应对突发事件

班级教师在开展日常家长工作的同时，还要特别留心应对突发事件时的家长工作，既让家长感觉到教师对于事件的重视、对于幼儿的关注，又要让家长感受到幼儿园的真诚态度以及对于幼儿的真心爱护，这样才能有助于突发事件的处理。

案例分析4-7

午睡后的骨折

千千的奶奶拿着医药费报销单来到园长室，询问园长医药费应该如何报销。这时，园长才了解了半个多月前发生的事情：

户外活动时，千千被同伴不当心从滑滑梯上撞到了地上，当时班级老师询问了千千的情况，保健老师也检查了，没有发现什么大的问题。但是午睡起床的时候，千千没有办法从上铺下来了——手腕处有点肿，有点痛，没有办法使上劲。下午奶奶来接，班级老师建议去医院检查，医院诊断为手腕处骨折，在家已经休息10多天了。

班级教师没有在第一时间上报千千的情况，以至于千千奶奶问及报销事宜时园长才得以知晓。当千千奶奶发现此时园长才知道这件事时，心中非常不满，甚至觉得班级教师太不把孩子放心上了。

好在这之后，幼儿园采取了适宜的补救做法，园长带着班级老师一起上门去看望孩子，教师诚心诚意道歉，关心孩子在家的休养情况，及时给予教育教学上的帮助，家长也十分通情达理，事情才得到了较好的善后处理。

分析： 当教师做好家长工作的同时，就是和家长一起陪伴孩子成长的时候，其实这也是幼儿教师的一种幸福，因为作为教师是在参与一个个生命的成长，在这个过程中付出着、收获着……

真心地期望所有的幼儿教师，不论已经工作的，还是刚刚踏上工作岗位的，以及将要从事幼儿教师的你们，怀揣一颗爱心，用你们的真心、细心、热心，和家长们一起，倾听着、陪伴着像花儿一样的孩子们开放、成长……

倾听孩子哭泣的基本原则①

1. 先检查孩子的身体是否受到伤害，环境是否有危险，如果没有，就静下来倾听孩子。

2. 不要流露出不安，也不要劝孩子不要再哭，这样会妨碍孩子理解所发生的事情。

3. 靠近孩子，让你们的目光相接。爱的目光是我们给孩子的最有力的支持。

4. 如果你发现孩子害怕某个特定事物，向他保证你一定会保护他，不让他受到伤害。

---

① 李跃儿，《倾听孩子哭泣的基本原则》。李跃儿芭学园(微信公众号)，2014，08，12。

5. 和蔼地请孩子把他的烦恼告诉你，如果孩子还不能停止哭泣跟你说，就告诉孩子你会陪着他，等他哭完。

6. 不对孩子的情绪做评论。倾听孩子，既不意味着你赞同他的情绪，也不意味着你纵容他。你只是在帮助他摆脱不良情绪。

7. 允许孩子畅快地哭，不要有时间限制。孩子在烦恼得不能思考的时候才会哭闹，烦恼和不安能压垮孩子，使他做出非理智的事情。有时他哭泣是因为对自己的行为失去自控。当完成整个倾听过程，孩子良好的判断力就会恢复。

8. 孩子大哭一场之后，或许需要安静一会儿，或者睡一觉。

9. 倾听过孩子充分的哭泣之后，注意孩子身上新增长的领悟力、热情和创造力，他会更充满活力地游戏。

思考与练习

1. 设计一份幼儿家庭情况调查表（有助于你更好地了解班级家长的各方面情况），和大家交流你为什么这样设计。

2. 观摩有经验的教师如何进行家长接待和交流，归纳总结你所学到的内容并给出你的解决方案，和大家交流、讨论。

第五单元

信息时代幼儿园家长工作新问题

    本单元主要围绕信息时代幼儿园家长工作遇到的一些新问题而展开，这些问题是新时期很多幼儿园都面临的，却没有更多榜样和经验供参考和借鉴。鉴于幼儿园的信息建设势在必行，我们也需要及时跟上时代的步伐积极去面对这些问题。本章将从"幼儿园网络危机处理"和"班级公共空间管理"这两大方面进行阐述，介绍一些信息时代处理这些棘手问题的基本方法。

- 了解幼儿园网络危机处理的基本程序；
- 掌握班级公共空间管理的原则和方法。

一 幼儿园网络危机处理

"我的帖子怎么被删了？！"

××幼儿园顺应上级要求建立了自己的官网，有几个版块还有回复功能。家长们通过注册登陆后不仅可以查看网站信息，还能进行一些互动。一天，园长突然发现最近发的通知下有一位家长在质问为什么自己的问题没人及时回复，还被删除了！家长很恼火，一连发了好几条在上面。园长赶紧去找管理员询问情况，管理员答复说十分钟前发现家长因为不了解通知含义而随意质问，口气不善，他就把家长的帖子沉了下去，并没有删除。园长认为删除家长的帖子肯定不妥，但不回复家长直接把帖子沉下去也不妥，这会引来家长更大的怒火，造成不可收拾的局面。于是她让管理员查一下是哪一个班级的家长，查到以后赶紧让班级老师过来了解情况。为何班级老师没有及时发现问题并解释呢？果然，老师在带班还没看到家长所发的帖子。于是园长请班级老师尽快联系家长并向家长做好相关解释，最好让家长自己删除帖子。半小时后，家长把造成不好影响的帖子删除了。之后，园长要求信息管理员下次遇到类似情况不能自行处理，而应该第一时间上报园长，商量后才能妥善处理。同时也告诉班级老师要密切关注班级网页，家长不清楚的问题要及时回复，如不能处理也要第一时间告诉园领导。

分析：随着信息时代的来临，利用网络进行研究、教育、宣传和联系纷纷进入到学校的各个领域。城市里，几乎每所学校都有了自己的网站。除了具备发布新闻和通知的功能外，很多网站还渐渐开放了互动功能。但是，如何进行管理和公共安全的维护却成为建立网站最先要考虑的问题，并且，一旦发生网络危机，该如何处理也应该制定出相应的预案，不至于手忙脚乱让园所声誉受损。

具体可以从以下几个方面来进行：

（1）在每一届新生家长会上介绍幼儿园的网站，呼吁家长以文明、理智、健康的形象参与，在孩子面前做好榜样，大家共同维护幼儿园的良好声誉。如果同班级教师发生矛盾或对幼儿园建设有意见的可以通过正常渠道（直接沟通、园长信箱、热线电话、园长接待日等）直接反映，家长有意见也可以有多种方式反映和表达，不赞同家长没有调查清楚就随意在公共网络平台进行传播。

（2）每位员工和孩子的家长必须通过实名注册才能登录幼儿园网站及发言，便于班级和网站的管理员能在第一时间发现危机进行处理。

（3）每一版块设立相应的版主，由幼儿园各部门负责人分别担任，班级版块就由班主任担任，大家都参与到网站的管理中，与网站管理员一起共同维护幼儿园的形象。

（4）无论哪一条线，一旦发现问题应该第一时间上报园领导，讨论后由版主采取合适方法回复，避免情况失实，造成恶劣影响。

（5）日常做好信息维护和安全保护，如果网站遭受攻击立即与相关安全部门联动，严厉打击网络犯罪。

你认为幼儿园的网络危机一般会有哪些？该如何处理？

二、班级公共空间的管理

案例分析5-2

班级微信群的烦恼

新学期开始不久，两位老师分别来找园长反映她们在工作中遇到的困惑，而这两件事都和班级的微信群有关。

第一位老师是一位成熟型教师，她发现班级微信群目前处于一个尴尬的状态。这个群当初由班级一位热心家长创建，里面加入的家长很多，但大家在群里发言无所顾忌，随意转发各种消息，甚至代发广告等。与另一位班级老师商量后，两位老师都认为这样的氛围和做法不利于班级工作的开展，但现在突然去改变这个群的习惯显然是不合适的，于是她们想重新建立一个新的班级群，专门用来发布通知和信息，可是她们在"两位老师是否离开原来那个班级群"产生了分歧。经过反复的思考并听取园领导的建议后，两位老师成立了新的班级微信群，邀请每位家庭中的一位家长进入，并以幼儿名字命名；她们还告知家长此群主要用于班级通知的发放、信息的交流等，不许代发广告；如有关于孩子的个别问题请私信老师等等。这一做法让老师们在群里掌握了主动权，并得到了所有家长的支持，为工作的顺利开展畅通了渠道，两位老师欣慰极了。最后，她们也达成了一致，都没有离开之前那个班级群，而是像家长们的朋友一般活跃在群里面。

第二位老师是才工作了两年的年轻教师，她的苦恼在于最近班级微信群里一位妈妈总是转发一些有违教育规律的文章，并说孩子在幼儿园里成天只是玩，没有学到什么东西，她还游说别的家长到外面的教育机构去参加各种班，有的家长渐渐跟着这位妈妈讨论了起来。有一次，这位妈妈在群里说自己的孩子被老师分配了不喜欢的值日生工作，孩子不开心了回来告诉家人，她在群里质问老师"为什么不让孩子自己挑选呢？"老师又委屈又矛盾又担心，不知道如何处理这些问题，不回复吧怕家长变本加厉，这不是长久之计；回复吧又觉得仿佛在和家长争吵，让别的家长都看到了不好。但是再不处理今后这个班级群就会变质，而用什么语气如何措辞她也拿不准。园长给了年轻教师一些建议，老师回去后约了孩子的妈妈来园，向她介绍幼儿园孩子学习的特点和方法，并解释了孩子们之间是协商选择值日生工作的，孩子的妈妈终于明白了幼儿园的教育观念和班级值日生工作的作用。后来，老师更加细心、耐心地引导孩子学习和交往，赢得了孩子妈妈的信任。同时，老师还和班级的另一位老师以及家委会的家长沟通，大家经常在群里转发一些科学的、与时俱进的育儿文章。现在，老师还会把班级精彩活动照片和一些点评、教育理念等及时发在群里，终于赢得了越来越多家长的支持，保持了班级微信群积极向上的风貌。

分析： 以上两个案例只是班级微信群中经常会遇到的问题。除此以外，是否需要建立班级微信群、遇到极端事件如何处理等老师们都存在各种疑虑。看来，要处理好班级微信群里的各种问题已经不能见招拆招，而是需要从更高的角度系统考虑了。表面上看这似乎只是班级里的个案，但事实上这类案例已经具有了普遍性，涉及的是班级的公共管理，这与学校的公共管理有着异曲同工之妙。因此，需要幼儿园对班级老师如何建立、维护班级公共空间（公共邮箱、QQ群、微信群、飞信群等）提出建议和要求，并及时跟进给予指导，以此来改变、促进教师利用公众平台进行教育的观念和能力，同时达到正面宣传、提高教师专业水平、提高家长科学育儿能力的效果。

具体的做法如下：

（一）建立班级公共空间要掌握主动权

现今阶段，班级公共空间是教师进行班级工作的一个方便的渠道、一个有力的工具，如果老师愿意利用班级公共空间开展工作，学校应该积极支持。由于班级公共空间的主要目的是为班级工作服务的，因此教师要起到主导作用。

1. 建立者

建立班级公共空间的人最好是班级教师，也可以是值得信赖的家委会委员。如果是教师建的，最好事先听一下家委会委员的意见和建议，让班级公共空间一开始就能考虑周到，避免变成教师的一言堂。

2. 建立规则

建立之前考虑清楚并告知每位家长相应的规则：是每位家庭的所有家长都能加入还是每家只能一位家长加入？（教师可以根据班级情况和自身

管理能力进行选择）公共空间的主要任务是什么？（发放通知、信息交流、替代家园之窗等）需要严禁的是什么？（一切与工作无关并会影响班级工作的作法，如：发表不实、反动言论，进行产品宣传、投票等）当所有的家长都清楚规则并达成一致后，班级公共空间就可以开始工作了。如果中间有新的家长加入，或有的家长违规了，这一规则还是需要再次重申。

3. 分清公与私

这里说的公与私主要指"大家的事情公众平台发布，个人的事情与老师私信交流"。这样做的益处在于分类处理，避免个人事情占用公众空间，也保护了教师、孩子和家庭的隐私。

（二）维护班级公共空间要坚持正能量

目前我国的网络中存在大量低级的、不负责任的言论，无形中也影响到人们对事物的判断和选择。有时候，人们会在特定的情况下被误导，引发极端情绪，产生负面影响。在这种情况下，教师一定要坚持正面宣传、坚持正能量的传播。这要求教师要有：

1. 科学正确的三观

教师是太阳底下最光辉的职业，因此教师要有科学、正确的人生观、世界观和价值观。这样，教师就能判断群里的动向，影响群里的氛围和舆论导向，还能进行一些教育和引导。

2. 积极向上的精神

教师对工作和生活的态度会在群里反映出来，如果老师积极向上，势必会带动家长们也能够正面看待问题，遇到困难和矛盾的时候采取积极的态度克服和解决，避免消极情绪和消极做法的蔓延。

3. 与人为善的良知

教育传播着文化和文明，是一项有关"大爱"的事业，需要教师拥有极大的爱心、耐心和信心。班级微信群的空间要营造"爱"的氛围，一定是与教师有着与人为善的良知是分不开的。在这里，教师要爱每一个孩子、公平地对待每一位家长，才能激发更强大和更美好的力量。

（三）处理公共空间危机要及时而灵活

《2014年中国教育网络疫情分析报告》显示，网络中积极情绪反映最少的领域是"学前教育"。学前教育的负面新闻占了较大的比重，这也是导致家园之间互信程度低，容易引发投诉等危机的原因。

处理危机有两个最重要的原则：

1. 及时

由于网络传播的速度快、影响范围广，这需要教师有敏感性，能及时关注到危机的发生。如果危机发生了应该在第一时间就关注、引导和处理，避免事件的扩大化和严重化。

2. 灵活

网络危机发生在公众平台，处理过程可能会涉及公共空间内的所有人员，因而要灵活机动，尽量考虑周全，并注意发挥其他各种力量的相互作用（如：请家委会成员从家长的角度进行劝导和解释说明等）。

在日常工作中，园领导还可以通过教研活动、教育沙龙等帮助教师学习与人沟通的技巧、危机处理的方法、相关法律法规等。这是新时代对教育的呼唤、对教师专业素养的要求、对学校管理的挑战。我们只有迎难而上，才能化被动为主动，不断提升办学水平和教育能力，给孩子们创造更美好的未来！

幼儿园教师应该了解的法律法规

"关于儿童的一切行为，不论是由公私社会福利机构、法院、行政当局或立法机构执行，均应以儿童的最大利益为一种首要考虑。"

——联合国《儿童权利公约》第3条第1款（1989年11月）

幼儿入园学习、生活和活动期间，对幼儿的监护责任已有一部分从其监护人转移到了幼儿园。幼儿园对幼儿承担的是教育和照顾责任，主要包括：

确保幼儿在园期间及参与幼儿园组织的各种活动期间的人身安全；

通过有效的教学和活动促进幼儿的全面发展；

维护幼儿的合法权益免受不法侵害。

——《教育法》、《学生伤害事故处理办法》、《最高人民法院关于审理人身损害赔偿案件适用法律若干问题的解释》

【过错责任原则】《最高人民法院关于贯彻执行〈民法通则〉若干问题的意见》有明确的司法解释："在幼儿园、学校生活、学习的无民事行为能力人或者在精神病院治疗的精神病人，受到伤害或者给他人造成损害，单位有过错的，可责令这些单位适当给予赔偿。"

【推定过错责任】《侵权责任法》（2009）规定，无民事行为能力人在幼儿园、学校或者其他教育机构学习、生活期间受到人身损害的，幼儿园、学校或者其他教育机构应当承担责任，但能够证明尽到教育、管理职责的，不承担责任。

该法对幼儿园规定的是一种推定过错责任，幼儿在幼儿园受到伤害，只要幼儿园不能证明自己尽了管理责任，就要承担赔偿责任。（举证责任倒置）

——幼儿园伤害"事故"处理的原则

对幼儿园认定责任，包括全责、一定比例的责任和不负责任。

首先，幼儿园不能证明尽了管理责任，应负赔偿责任，反之不负责任。

其次，对于幼儿园尽了管理责任，幼儿受到伤害的，双方都无责的，一般会考虑适用"公平原则"，可根据孩子的伤害程度，孩子家庭的承受能力等因素，综合考虑。如果伤害程度较大，家庭负担过重，幼儿园应当给予一定的补偿。

——民事责任的认定

下列情形之一造成的学生伤害事故，学校承担损害赔偿责任：

（一）学校使用的教育教学和生活设施、设备不符合国家和本市的安全标准的；

（二）学校的场地、房屋和设备等维护、管理不当的；

（三）学校组织教育教学活动，未按规定对学生进行必要的安全教育的；

（四）学校组织教育教学活动，未采取必要的安全防护措施的；

（五）学校向学生提供的食品、饮用水以及玩具、文具或者其他物品不符合国家和本市的卫生、安全标准的；

（六）学校组织安排的实习、劳动、体育运动等体力活动，超出学生一般生理承受能力的；

（七）学校知道或者应当知道学生有不适应某种场合或者某种活动的特异体质，未予以必要照顾的；

（八）学生伤害事故发生后，学校未及时采取相应救护措施致使损害扩大的；

（九）教职员侮辱、殴打、体罚或者变相体罚学生的；

（十）教职员擅离工作岗位、虽在工作岗位但未履行职责，或者违反工作要求、操作规程的；

（十一）应当由学校承担责任的其他情形。

——《上海市中小学校学生伤害事故处理条例》第九条

下列情形之一造成的学生伤害事故，学校**不承担**损害赔偿责任：

（一）学生自行上学、放学途中发生的；

（二）学生擅自离校发生的；

（三）学生自行到校活动或者放学后滞留学校期间发生，学校管理并无不当的；

（四）学生突发疾病，学校及时采取救护措施的；

（五）学生自杀、自伤，学校管理并无不当的；

（六）学生自身或者学生之间原因造成，学校管理并无不当的；

（七）学校和学生以外的第三人造成，学校管理并无不当的；

（八）教职员在校外与其职务无关的个人行为引起的；

（九）不可抗力造成的；

（十）不应当由学校承担责任的其他情形。

——《上海市中小学校学生伤害事故处理条例》第十条

学生的父母、其他监护人的过错或者学生自身的原因造成学生伤害事故的，由学生的父母或者其他监护人承担责任。

——《上海市中小学校学生伤害事故处理条例》第十一条

 思考与练习

你认为进行班级公共空间管理最大的困难是什么？请和同伴一起商量寻找解决的办法。

参考资料

1. 中华人民共和国教育部.幼儿园工作规程.2016
2. 中华人民共和国教育部.幼儿园教育指导纲要（试行）.2001
3. 中华人民共和国教育部.3—6岁儿童学习与发展指南.2013,9
4. 王振宇著.学前儿童发展心理学.北京：人民教育出版社,2004,10
5. 桑标主编.儿童发展.上海：华东师范大学出版社,2014,10
6. 殷飞主编.幼儿园教师家长工作指导.南京：江苏教育出版社,2014,3
7. 赵平主编.幼儿园管理手册.上海：上海教育出版社,2013,4
8. 吴绍萍著.家园共同体的建构——幼儿园家长工作的方法和策略.北京：教育科学出版社,2011,3
9. 汪秋萍、陈琪主编.家园沟通实用技巧.上海：华东师范大学出版社,2013,6
10. 晏红著.幼儿教师与家长沟通之道.北京：中国轻工业出版社,2014,2
11. 李生兰著.幼儿园家长开放日活动的研究.上海：华东师范大学出版社,2008,6
12. 何幼华、郭宗莉、黄铮主编.园长的故事——幼儿园领导与管理案例.上海：上海教育出版社,2010,5
13. 施燕主编.幼儿园新教师上岗手册.上海：华东师范大学出版社,2012,2
14. 金正昆主编.教师礼仪规范.北京：中国人民大学出版社,2012,11
15. 李跃儿主编.孩子是脚，教育是鞋.上海：华东师范大学出版社,2014,8
16. 郭元祥著.教师的20项修炼.上海：华东师范大学出版社,2012,8
17. 雷思明著.给教师的60条法律建议.上海：华东师范大学出版社,2013,3
18. 中国就业培训技术指导中心组织编写.家庭教育指导师职业岗位技术能力培训教材（修订版）.2014，5
19. 上海学前教育网
20. 中国教育网
21. 中国幼儿教师网
22. 《开展家长学校的意义》：http://wenku.baidu.com
23. 《幼儿园家长学校教育形式的新思考与探索》：教育档客 http://www.jydoc.com
24. 《幼儿园家长志愿者活动倡议书》：http://www.lnxyey.com

25. 《幼儿园利用家长志愿者资源的现状与建议》: http://www.yejs.com. cn

26. 《塑造幼儿教师职业形象的必要性》: http://wenku.baidu.com